PARENTS WITH GROWTH MIND...

做成长型父母

成为养育自己娃儿的专家

—— 王小艾◎著 ——

图书在版编目（CIP）数据

做成长型父母：成为养育自己娃儿的专家 / 王小艾著．—北京：知识产权出版社，2019.10（2020.5 重印）
ISBN 978-7-5130-6280-0

Ⅰ．①做…　Ⅱ．①王…　Ⅲ．①家庭教育　Ⅳ．① G78

中国版本图书馆 CIP 数据核字（2019）第 102168 号

责任编辑：田　姝　　**责任印制**：刘译文

做成长型父母

成为养育自己娃儿的专家

ZUO CHENGZHANGXING FUMU: CHENGWEI YANGYU ZIJI WAER DE ZHUANJIA

王小艾　著

出版发行：	知识产权出版社有限责任公司	**网　　址**：	http://www.ipph.cn http://www.laichushu.com
电　　话：	010-82004826		
社　　址：	北京市海淀区气象路 50 号院	**邮　　编**：	100081
责编电话：	010-82000860 转 8598	**责编邮箱**：	tianshu@cnipr.com
发行电话：	010-82000860 转 8101	**发行传真**：	010-82000893
印　　刷：	天津嘉恒印务有限公司	**经　　销**：	各大网上书店、新华书店及相关专业书店
开　　本：	880mm × 1230mm　1/32	**印　　张**：	7.5
版　　次：	2019 年 10 月第 1 版	**印　　次**：	2020 年 5 月第 2 次印刷
字　　数：	150 千字	**定　　价**：	58.00 元

ISBN 978-7-5130-6280-0

推荐序一

育儿手记里的爱之语

保冬妮
儿童文学作家

认识小艾的时候，她还是个大学毕业不久来到北京寻找理想的女孩。十几年过去，她不仅是资深的教育媒体人，而且已经成功变身为浩妈，有了十年养娃体验。翻看她的育儿手记，满眼皆是溢出的浓情与爱。昔日柔弱的女孩如何成为时尚浩妈，其中除了一份天然的母爱深情，更重要的是小艾自我的成长和努力。

每一个公主的变身，都是未知的。就像走入童话隧道的孩子，我们不知道命运把自己带到何处。其实，每一步的迈出，都决定了你下一步的位置；而走过一程的山水，已经风景不同。女孩子的爱情和婚姻之路，是自己走出来的；有怎样的孩子，是父母决定的。而身处教育媒体的小艾，汲取了最前沿的优势教育能量，把自己看到的、听到的、写出的故事，变成了成长道路上最直接的营养，不仅滋养了自己，而且施惠于家庭。浩仔的每一个脚印，都踩在这样坚实的家教土壤上，其中，有多少小艾的良苦用心，在这本手记中，我们可一一细数。

在这本手记里，我们可以看见一个孩子的成长，也可以看到一位妈妈的成长。因为拥有，而内心富有；感受童年，从而身心轻盈。小艾真真正正入戏，把妈妈这一角色扮演得至爱情深。人生其实就是个舞台，每一个人可以选择自己的角色，但不是所有人都能演好自己选择的角色，演砸了、演不下去是常有的事；像小艾这样用心用力去演好妈妈，帮助孩子成为最好的自己，并非世界上所有的妈妈都能做到。

阅读这本书，分享小艾的每一次落泪和幸福，让我也想起自己20 年前和浇浇一同成长的岁月；所有的幸福都是一样的，而孩子各有各的不同。妈妈们的经验体会，相互分享与传递，就像闺蜜聊天一样，充满真诚和甜蜜，那种絮絮叨叨、细细碎碎、层层叠叠、连绵不断的表白，个中滋味只有年轻妈妈才能体会。

我从不认为成功妈妈就是教育家。教育家的见解不来自过往的个体体验，而是观测数据与分析统计后呈现的规律。那么成功妈妈的经验值得效仿吗？我想，每一个读者打开这本书的原因，不是为了倾听教育学家的观点，也不是效仿个性妈妈的操作经验，而是找到了与自己有同样经历、正面对孩子成长的新手妈妈，彼此分享一段心路历程，感受身份改变收获的幸福，获得前行的正能量。

每一个孩子都是不同的，基因的不同、家庭环境的不同、父母心态和个性的不同、养育方式的不同、孩子性格特点的不同……都决定了孩子无法用一种教育模式去养育，教育的难点其实也就在这里。父母不一定非要成为教育家，孩子才优秀，只要爱孩子、陪伴孩子，给孩子成长的空间，带他们去了解天地和自然，孩子们自有他们的未来。

人们常说：女儿是爸爸的前世情人。对小艾来说，儿子是她今生的有情人。这本书的故事里没有成人世界跌宕起伏的缠绵悱恻，但每一篇都溢满涓涓的母爱和童言深情。让我们和小艾一起纪念那些平凡而美好的岁月吧，它终将成为浩仔人生中不可或缺的内在能量。那么读者是否也为自己的孩子储存了这样珍贵的宝藏呢？答案就在你们心中吧。

推荐序二

育儿路上的“哥德巴赫猜想”解答尽在此书

陈凤伟
数学特级教师、北京市朝阳区芳草地国际学校副校长

读着此书我满满的欣慰、欣喜，更有一种兴奋，想让即将做父母和正在做父母的朋友们尽早看到这本育儿笔记，从浩妈（即本书作者王小艾）、浩爸做成长型父母的历程中获得感悟，能够静心面对社会，摒弃浮躁；净心面对自己，明确责任；精心面对孩子，尊重成长，“做好自己孩子的观察者、陪伴者、教育者，找到适合每个孩子的养育方式和教育方法”！

浩妈眼里的小小完美主义者，究竟是如何“聚合”了浩爸和浩妈的优点，这是家有儿女的群体最为好奇、好问、好知的。这个“别人家的孩子”怎样修炼得——内心饱满而有力、肚子里有满腹经纶、眼睛里闪烁着对世界的求知欲望？最为关键的是“不用为他的学业和成绩而发愁”！要知道这个困惑众多家庭的棘手问题，不亚于哥德巴赫猜想那般费解，成为家庭“和平稳定”的头号威胁。

所以，浩妈养育浩仔的育儿手记，会成为众多家庭的幸福指南，成为众多家庭核心的成长宝典。

阅读“小情人”修炼记，从浩妈“爱的告白”开始。浩仔的到来让浩妈多了一个“与世界的接口”，从此身份变了、心态变了、责任也变了。

浩妈懂得“养育孩子，只是为了有一天他能更好地离开自己”。所以，她和浩仔共读《猜猜我有多爱你》，种下世间母子爱的种子，让小小的浩仔懂得爱的回馈，懂得用“小小的心包容”了父母的不完美，发出了“爱妈妈一万零三年，爱爸爸一万零二年”的暖暖誓言，所以浩仔是当之无愧的“小情人”。

浩爸呢？这个被浩仔“少爱一年”的男主，足以在当下爸爸去哪儿了的疑惑中，成为爸爸们的典范，妈妈们心中的男一号。

其实浩爸也是在与浩妈的磨合“教育”中，亦师亦友地共同走过的。读此书的妈妈，一定送给孩儿爸一本，看看十年父子何以成“迷弟”？浩爸怎样的影响力，使得 10 岁的浩仔跟浩爸相互喜欢，相互欣赏，默契无比？

读此书的爸爸们你们有福利了，因为你们不仅获得好爸爸的经验，还能看到浩妈是怎样由“上天为什么没有给我一个预想的那般温柔体贴的男子”的纠结，到时刻提醒自己“这是一个多么好的男人，我应该珍惜他，珍惜我们的婚姻”。

要知道，父亲和母亲都是孩子生命中重要的角色，没有良好的家庭关系，是很难成就好孩子的。

针对家长们都很关注的这些问题：

为什么爱与陪伴是最好的教育?

为什么小情人也会发脾气?

为什么教育孩子是“扬长避短”的过程?

为什么顺其自然不是“撒手”的同解?

为什么要让孩子学会读书?

为什么数学游戏成了一家人其乐融融的美好时光?

……

浩妈在书中都娓娓道来。感谢浩妈，给所有爱孩子的父母一次“阅读益生”的机会!

期待“小情人”成长记，能让更多父母像浩妈浩爸一样，保留一颗对孩子的平常心!观察、陪伴、教育，做好天使的守护神。

各位“守护神”切记要把自我成长放在第一位!从清理你的内心开始，抛下虚荣、面子，抛下对孩子的过高要求，抛下自己的惰性。只要你用心、静心、净心、精心，你就是最了解自己孩子的父母。

在与孩子共成长的过程中，言传身教，身教更有影响力!父母有完善的自我，不但会找到适合孩子的养育方式和教育方法，还更能滋养孩子的品性、品行、品格。别人家娃的光鲜路上，同样是历经波折!你要相信自己也是“别人家的父母”，需要将你自身的教育优势发挥出来。

透过浩妈的十年育儿笔记，浩仔无疑会成为众人的“小情人”!期盼循着浩妈、浩爸的育儿之路，让更多的父母攫取成长的力量，让社会充满真情!

给孩子留下什么样的社会，取决于给社会留下什么样的孩子!

推荐序三

把陪伴孩子成长变成很文艺的美感

刘称莲
畅销书作家、国家二级心理咨询师

喜欢这本书里的那些小故事，个个都温暖感人。

而作者小艾，与我知交许久。她介绍我的书给读者，她参加我的图书发布会，她采访我，她约我写稿子，她约我讲课，等等。好像我们总是在工作的状态有交集，感觉一直是小艾在了解我，我却没有好好认识过她。

我对小艾粗浅的认识是她人极瘦却不娇弱，走路快，说话快，工作效率高。她审稿认真又负责，我的稿子其他媒体也约，唯有在她这里要一改再改，每次到她满意的时候，我也觉得稿子无懈可击了。

她的这种琢磨精神，也用在了育儿上。

这本书其实是她 10 年来的育儿手记。拿到这些文稿，我终于抛下了她编辑的角色，细细品读她作为妈妈的点滴，透过妈妈这个角色，正好可以好好了解她这个人。

小艾在教育媒体做编辑，自然会接触很多教育专家和教育类著作，但你在她的文字里看到的都是她自己的育儿经。因为她“客观冷静地面对孩子，从研究娃的个性特征开始，磨合出一款真正适合他的教育理念”。然而，书里写的那些故事虽然发生在小艾家，何尝又不是各家的故事呢？只是小艾家书写的情节精彩多了。

哪个孩子不是充满好奇的“事小多”呢？可无论多么刁钻的问题，浩妈小艾都不回避，而是用科学又形象的回答来满足孩子。比如，“妈妈，在我到你肚子里之前，我在哪儿呢？”类似的问题几乎每个孩子都会问，别的妈妈也许就会搪塞或者打了马虎眼。很显然，两种对待方式结果自然就不会一样了。还有更多，如学英语、学数学、阅读编故事，等等。

从小艾夫妻用心陪伴他们儿子的故事里，其他的爸爸妈妈是可以有很多参考和学习的。每个孩子不同，家长的智慧自然也不同。只要用心，小艾家可以，别家也都可以找到适合自己孩子的养育智慧。

我读小艾育儿的文字，总是想到诗和文艺。我不知道这跟我对小艾的印象是否相关，但就是这种感觉。第一次见她的时候，我就想到“文艺女青年”几个字，其实我到现在也不知道她是什么出身，但这个概念一直在我的内心挥之不去。如今读小艾的文字，也觉得她虽然写的是育儿的文字，读起来却觉得她把陪伴孩子成长变得很文艺、很有诗的美感。

作为妈妈我哪能不了解陪孩子长大的艰辛，但在小艾的文字里读到的全是享受，她把儿子当作“小情人”，把育儿当作“恋爱”，这是何等幸福的感觉。天下能有多少妈妈会是这样的感受呢！我想，之所以这样，没有别的原因，只因为她无条件地爱着儿子。

期待小艾家爱的故事滋养更多的父母和孩子，也期待小艾继续续写爱的故事！

自序

第一次做父母
和孩子一起成长

这是一个育儿最好的时代，因为资讯获取便捷、学习方式多样。

这也是一个育儿不那么好的时代，因为资讯的膨胀和良莠不齐，因为育儿的焦虑会被过度放大和传染。

育儿十年，一路走来，百感交集，好想用沉甸甸的时光给自己铸造一个奖牌。在这个时代当妈妈的幸福和不易，相信每一位妈妈都能感同身受。

十年来，儿子浩仔，身体棒棒，从未输过液打过针（除了打疫苗），少了很多来回去医院的折腾。

十年来，他在学业上也从未让人操心过，而成绩却常是满分。那天，看到一篇文章提及“不谈作业，母慈子孝；一谈作业，鸡飞狗跳”，浩仔好奇地问：“妈妈，为什么你从来没有辅导过我作业呢？”

“因为你都会啊。”

棋类领域，他是围棋业余五段水平，获得京津冀围棋大赛小组第一名，多次在北京市东城区比赛获奖；艺术方面，在北京市东城区艺术节比赛中，他获得过朗诵展演金奖、校园集体舞一等奖；逻辑思维方面，他在 2018 年“数学花园探秘”比赛中得了四年级一等奖，在全国华罗庚数学大赛中获得二等奖，参加北京市创客挑战赛获一等奖；文学方面，他担任学校里的播音员，得过学校诗词大会冠军。有一次，区里组织的童谣征集大赛，我真的是羡慕地看着他“下笔如有神”，用了不到十分钟，写出一篇对仗工整的童谣，最终获得二等奖。

腹有诗书、内心饱满有力、眼睛里闪烁着对世界的求知欲望，一个这样的孩子，是不用为他的学业和成绩而发愁的。

也许有人会说这都是“天生的”，但我清楚地记得上幼儿园时，问两个苹果加三个苹果一共几个，他知道是五个苹果，但再问 2 加 3 等于几，他就一脸茫然的可爱样。更别提在漫长的围棋学习之路上，屡战屡败、屡败屡战，在无数次的失败奠基下，在坚持不懈的努力下最终打上业余最高级别。

孩子的成长，后天的习得更重要。在孩子小时候，我们特别重视逻辑力、阅读力、求知力的培养。从小注重提升逻辑能力，就能帮助孩子搭建起知识的框架；从小培养阅读能力，就能不断在框架里添砖加瓦；而关注和保持孩子的好奇心、探索欲和求知欲，又会助力孩子进一步提升逻辑能力和阅读能力。三项互相促进。从小让孩子拥有这“三力”，以后基本不用为他们的学习发愁。

十岁之前陪伴孩子时多一点儿“用心”，未来孩子的成长就会更“省心”，何乐而不为呢?

用心陪伴与互动，善于发现孩子的成长规律和阶段性需求，并不断反省与思考，最终解决问题。这需要父母拥有成长型思维，在育儿的过程中做一个学习者、自省者、观察者和助力者、问题解决者，以及随着孩子成长做一个逐步放手者。

努力做一个学习者。

教育记者的经历，让我有机会接触到很多教育专家、很多育儿方面的成功者，通过学习专家的理念和成功的家庭教育故事，丰盈了我的养育理念和知识。我还自学了家庭指导师的课程。还有一个最好的学习途径——向孩子学习，保持对世界的好奇心和求知欲。我常常对孩子心存感激，因为他教会了我很多。

时刻做一个自省者。

当育儿陷入困境时，可能源于原生家庭带来的伤害，或夫妻关系的失衡。关系的失衡，必定会带来焦虑和期望的转嫁。比如，很多妈妈抱怨自己“丧偶式育儿”，或许是因为妈妈在养育中过于强势，而导致爸爸无奈地缺席。在自省中寻找关系的平衡，才能让自己没那么累，让育儿也没那么难。

敏锐的观察者和助力者。

在陪伴中了解自己孩子的特质，了解他们在不同阶段的不同发展需求，并通过多种方式去满足孩子的成长需求。基本浩仔眼珠一转，我就知道他想干什么。当他无意地说：“妈妈，这本书我看了6

遍啦！”除了他很喜欢这本书，我也明白需要用新的书来填补他的阅读需求。

生活中随手记录孩子的话语和行为，是一种好的观察方式，会让你更了解孩子，也会更深入地思考。

不做抱怨者，做解决问题者。

在这个时代，做父母更需要自我的判断力和定力。一些流行的育儿鸡汤文、网红文，可能只是迎合了你的养育焦虑，点爆了你的焦虑，却对问题于事无补。我们要做的是发现孩子成长中的问题，以积极心态应对，及时想办法去解决，争取把问题解决在萌芽状态。

养育孩子从来没有什么秘籍和法宝，最好的答案就在孩子身上。

如何才能找到适合自己孩子的教育方式呢？我想起采访梁凤仪女士时，问她如何与孩子沟通，她举了一个例子：“想想热恋中的恋人，他想什么，你为什么都能知晓呢？因为你的心思都在他身上，你自然知道他的所思所想，知道他最需要的是什么。对孩子为什么就不这样做呢？”

只要我们保持对生命成长的一颗谦卑敬畏之心，保留一颗对孩子的平常心，努力做好育儿路上的成长型父母——学习者、自省者、观察者和助力者、解决问题者、逐步放手者，自然会找到适合孩子的养育方式和教育方法。

翩翩少年将长成。而在这个过程中，不断成长的我们也必将成为更好的自己。正如爱尔兰现代诗人罗伊·克里夫特的诗歌《爱》所言：“我爱你 / 不光因为你的样子 / 还因为 / 和你在一起时 / 我的样子。”

目录
Contents

CHAPTER 1 · 第一章

CHAPTER 2 · 第二章

CHAPTER 3 · 第三章

CHAPTER 4 · 第四章

CHAPTER 5 · 第五章

CHAPTER 6 · 第六章

CHAPTER 1 · 第一章

成长型父母之
自我学习者

你的微笑

——写给浩仔的第一首诗

你坐在那里眯眼笑着，
嘟嘟的小脸像一尊小佛，
眉眼翘起又似一朵夏荷。
一刹那间，
我的心砰然而动。
感谢上天，
赐你予我。
因为有你，
我跟自己有了更多深度和解。
因为有你，
我与世界从此多了一个接口。
你的微笑，
是镌刻在岁月里最美的诗句。

大自然是孩子最好的成长场所——利于孩子的身心健康发育。在光合作用中，在跑跳运动中，既能让孩子见风长个，又能强壮身体，打下良好的身体底子。这是我们的养育初衷，也是给孩子成长最好的起跑线。

勿忘养育初心
身心健康才是孩子最好的起跑线

从第一眼在产房见到他，这个浑身粉粉嫩嫩、皱皱巴巴的小家伙，听着他铿锵有力的哇哇大哭声，妈妈们都会心头一松，在心里默默许下同一个心愿——亲爱的小孩，希望你在未来的时光里能健健康康、快快乐乐地成长。

然而，随着时光流逝，我们却在有意无意中忽视了孩子成长中最重要的的东西：让他拥有一个健康的身心。

充足的睡眠是婴幼儿最佳补脑、长身体的途径。或许因为父母生活上的放任，导致孩子们经常半夜不睡觉，各种熬夜。长此以往，孩子怎能不生病呢?

或许因为父母给孩子学习上的加码，导致孩子们从小就奔波在各种辅导班中，而缺乏午睡或户外玩耍的时间，等到晚上可能又忙碌在各种辅导班的作业之中。缺觉、缺乏运动，孩子成长的底子没有打好。

父母勿忘养育的初心，身心健康绝对是第一位的。健康的身体才是孩子最好的起跑线。父母不要怕孩子哭闹而不管教他们，不要担心他们在知识学习上会落后，学龄前的孩子应该在大自然中去撒欢地奔跑，在天地中攫取成长的力量。

很庆幸，浩仔十年来从未因生病而打针输液，虽也常有感冒，但基本上多喝水排毒，再物理降温后睡一宿就退烧了。浩仔具有良好的身体素质，除了先天因素，更离不开从小的培养。

在生活习惯上，我们一直很重视规律生活，按时作息，合理饮食。浩仔从未喝过各种碳酸饮料，出门在外基本都是自带白开水，如今他尝一口可乐，都会觉得“太难喝了”。为保护耳膜，六岁之前很少去嘈杂的地方，也没有去过电影院。周末不会熬夜玩儿，基本早睡早起，到点就醒。上小学低年级时，他还保持着每周末在家午睡的习惯。幼儿园大班的时候，班里有一半的孩子退园选择去上机构里的学前班。我们选择继续在幼儿园里规律生活。幼儿园饮食好，而且每天午睡，这才是孩子最需要的，而且孩子的小手肌肉还不发达，没必要那么早就写字。

在户外活动中，浩仔更是一个运动小健将。从蹒跚学步开始，他基本每天早中晚三趟在家附近的公园玩耍。等稍大一点儿，我们就带着他去奥森健走五公里、十公里。在我们家，周末一定要有一天是“家庭日”，父母都腾出时间，带着孩子去户外玩耍。我们最爱的就是爬山。北京的百望山、凤凰岭、香山、云蒙山，外地的黄山、泰山、嵩山、盘山、白石山等，都留下了我们的足迹。

浩仔上一年级的时候，也有同学开始报学科类辅导班了，但我们报的是跆拳道和篮球。跆拳道是为了练就精气神。同时为了保持良好的视力，也为了能在光合作用下长个、健体，我询问朋友找到专业篮球教练，在班级群里咨询愿意打篮球的家长，自己联系家附近公园的篮球场地，终于组建了一个户外篮球小分队。每周一到两次的篮球课，如今也是保持了好几年。孩子们球技或许没有多精湛，但四季都在户外奔跑运动给他们带来的绝对是巨大的身心财富。

在与大量家长接触中，我观察到这样的现象：现代孩子有两个过度——从小被过度医疗和过度教育。

过度医疗，就是孩子一生病父母就要带着打针输液。其实，一般的感冒发烧输不输液，都要一个星期才能好起来。但长期输液会大大降低孩子的抵抗力。

过度教育，就是家长热衷各类早教，诸如大肌肉小肌肉的锻炼之类。其实多去大自然中奔跑比啥都强。

两个过度为啥如此火热呢，可能还是因为家长的焦虑吧——想把眼前的焦虑尽快解决，却忽视了长远来看的意义。

另外，如今的孩子很多都是老人帮着带，容易被在家圈养。除了雾霾天，其实都应该带着孩子多出去玩耍，同时注意规律作息，按时吃饭和午睡。

大自然是孩子最好的成长场所——利于孩子的身心健康发育。在光合作用中，在跑跳运动中，既能让孩子见风长个，又能强壮身体，打下良好的身体底子。这是我们的养育初衷，也是给孩子成长最好的起跑线。

深入了解自己孩子的特质，通过阅读掌握孩子在不同年龄阶段的普遍的成长规律，学习那些智慧父母应对问题时的方式和方法，再来面对自己的育儿问题，会发现许多问题迎刃而解。

他人的养育智慧
是父母成长的加速器

第一次为人父母，哪怕没有忘记育儿初心，哪怕天天也在陪伴，漫长育儿路上也免不了有迷茫和困惑之时。

许多年前我采访曾红极一时的香港财经作家梁凤仪，财商过人情商也高的她与继子及孙子相处得很融洽。我抛出了很多父母都关注的那个问题："一些爸爸妈妈觉得孩子越长大越难于沟通，您有没有好的建议呢？"她举了一个例子来回答："想想热恋中的恋人，他想什么，你为什么都能知晓呢？因为你的心思都在他身上，你自然知道他的所思所想，知道他最需要的是什么。对孩子为什么就不这样做呢？"

育儿之路最便捷的途径其实就是了解自己孩子的特质，其次是学习他人的教育理念和经验。

特别喜欢采访台湾的作家，他们的养育故事很温情，有人情味。我曾有幸在十年前对林清玄老师做了一个深入采访。

林清玄强调父母要“唤醒”孩子的爱和内在动力。“家长要努力唤醒孩子内心爱的种子。每一个孩子都不一样，唤醒的意思不是你制造一个状况给他，而是把他的本质激发出来，从生活的每一个细节来激发。比如教他们怎么去表达自己的感情，激发他们内在的向往等。”

每个孩子出生时，林清玄都会做一坛茶，贴上他们的名字密藏起来。每到他们的生日，就拿出来一起喝。每天早上，林清玄都会拥抱孩子：“爸爸很爱你，你要加油哟。”孩子们放学回家，他也会给每人一个拥抱：“你辛苦了！今天有什么事情可以跟我讲吗？”一直到大儿子身高已 180 厘米，比他高出一头了，林清玄依然每天拥抱他。

林清玄觉得自己的教育很成功，也许孩子没有功成名就，但一定是懂得爱，并且会快乐表达感情的人。他们曾经在萧萧风中，和爸爸一起躺在大草原上遥望星辰；他们曾经坐很远的车，被爸爸带着去观察蜉蝣从河里面浮起来……来源于生活之中细腻的情感体验，已经让他们的心变得充实和饱满。

反观我们，当我们感觉父母的尊严被孩子挑战时，当被孩子气得焦头烂额时，当为孩子写的作业抓狂时，或许可以转念一想：此生我们拥有孩子，最宝贵的最重要的是拥有良好的亲子关系，体验到最美好的一种情感链接，其他任何事情都不应该伤害到亲子关系。

很多父母没有机会直接接触到这些作家或育儿专家，但他们的故事会在杂志报纸公众号上发布，可以通过阅读去学习他们的养育智慧。

除了杂志报纸上的采访故事可以借鉴，阅读育儿类书籍也是很好的学习途径。我个人很喜欢看父母写的记录孩子完整的成长轨迹类的家教书籍，因为能看到当时的环境和语境。如今学习的方式更加多样，像抖音上有些人会每天分享一个育儿知识点，这种学习比较碎片化。家长更需要系统和深入的学习。

进微信群听专家们的分享课也是很好的途径，还有专业的线下的家庭教育指导师培训、正面管教讲师培训等。妈妈们不一定要去从事这些职业，如果感兴趣完全可以去学习。

深入了解自己孩子的特质，通过阅读掌握孩子在不同年龄阶段的普遍的成长规律，学习那些智慧父母应对问题时的方式和方法，再来面对自己的育儿问题，会发现许多问题迎刃而解。

比如，通过阅读孩子成长规律类的图书，了解到孩子的

“肛欲期”，就不会对他满嘴的“屎尿屁”感到厌恶，而理解这是他们成长的一个阶段；比如，阅读了刘称莲老师的养育女儿的图书，看到他们为了满足女儿的心愿而逃课、坐飞的专门去看流星雨的经历，让我印象很深刻、很感动。当浩仔在中国科技馆里观看到了模拟的磁悬浮列车，对磁悬浮感兴趣时，我们也带着他专程去上海乘坐和体验了一次。

书籍是孩子成长最好的“借力”方式，因为它是千百年来人类智慧的结晶。对第一次做父母的我们来说，书籍中的理念和经验也是我们成长最好的助力方式之一。

附：推荐给家长的阅读书目

介绍孩子成长规律的图书：边玉芳《读懂孩子：心理学家实用教子宝典》（0～18岁），李跃儿《谁了解孩子的成长秘密——关键期关键帮助》，孙瑞雪《捕捉儿童敏感期》《爱和自由》，皮亚杰《发展心理学》。

家庭教育故事类图书：尹建莉《好妈妈胜过好老师》，刘称莲《陪孩子走过小学六年》《陪孩子走过初中三年》《陪孩子走过高中三年》，黑幼龙《慢养：给孩子一个好性格》，金韵蓉《爱在左，管教在右》，梁旅珠《我把女儿教进世界名校》。

家庭教育理论类图书：陈忻《养育的选择》，阿黛尔·法伯、伊莱恩·玛兹丽施·肯伯利·安蔻《如何说孩子才会听，怎么听孩子才肯说》，简·尼尔森《正面管教》，海姆·G. 吉诺特《孩子，把你的手给我》；西方公认的三大家教经典：洛克《教育漫话》，卢梭《爱弥儿》，蒙台梭利《童年的秘密》；犹太人的著作：卡尔·威特《卡尔威特的教育》《犹太人的育儿经》；分性别教育系列图书：爱默生·艾格里奇《养育男孩》，梅格·米克《养育女孩》等；分学段的图书：卓立《欢迎来到一年级》，大 J《跟早教专家学儿童潜能开发》。

儿童的快乐最纯粹最简单，儿童的成长最无畏最勇敢。哪怕他还不会说话，但儿童绝对是成人之师。

身为母亲，我们需要时时懂得蹲下身来，在目光与他平视的地方，微笑着说一声："谢谢你，宝贝，让我重拾无畏纯粹的赤子之心。"

孩子教我重拾赤子之心……

宝贝，还有一个月你就要满周岁了，在这三百多个日夜相守中，你给一家人带来了无数的欢笑和快乐，更让妈妈感动的是，你教会了我许多成人后丢失的宝贵东西……

宝贝，当你仰望蓝天，追寻小鸟自由的身影，倾听树叶在风中私语时，那专注的模样真让人心动。黑亮的眼仿佛灿烂的星辰，散发出明亮的好奇的光芒。这么多年来，妈妈总是匆忙地行走，却忘记带着一颗欣赏和好奇的心去观望路过的风景，更别提仰望白云悠悠的惬意。现在妈妈准备停下脚步，和你一起去探究世界的美妙。

宝贝，当你看见自己心仪的玩具，即使妈妈把被子枕头都挡在你面前，你也会挥动着小胳膊，撅着屁股，使劲儿地"攀岩"，跨越障碍，直到你终于拿到玩具，高兴地“研究”起来。你头上沁下细细的汗珠，但脸上是一副满足的神态，让妈妈汗颜。就在几小时前，妈妈还在为生活中遇到的一点打击而倍感沮丧，心情郁闷。妈妈决定，以后遇到问题也像你一样，挥动胳膊，迎难而上。

宝贝，你会为一只蚂蚁的爬行而蹒跚地追逐，你会为一串串飞扬的泡泡而欢笑，你会看着雨滴溅落后的涟漪而雀跃。你那么容易满足，那么容易快乐，连睡梦中都会发出“咯咯”的笑声。而妈妈却总抱怨得到的太少，是你的感染，让妈妈明白了快乐其实是那么简单，只要别将自己的心蒙蔽。

宝贝，当妈妈把你的玩具递给别的小朋友时，你从不生气。当身边坐着陌生人时，你会“呀呀”地主动打招呼，温和礼貌得像一个小绅士。如果没有你，妈妈是决不会主动和陌生人说话的。因为这是成年人之心。可当内向的妈妈对陌生人微笑时，也收获了微笑，这种感觉真好。给予别人信任和友好时，才能收获这份美好，这是妈妈从你身上学会的。

宝贝，春去秋来，你在慢慢长大，会有更多值得妈妈学习的地方，对妈妈来说也将是一次成长。希望你能永远葆有一颗对世界的好奇之心，对生活的感恩之心，对他人的友善之心。愿这些宝贵的品质，能更深入你的生活，也感染更多的人。现在，请让我慢慢地蹲下身来，在目光与你平视的地方，轻轻地微笑着对你说一声：“谢谢你，宝贝。”

这世上母子间的爱，永远不可能分清谁轻一点儿谁重一点儿。别吝惜你对孩子的情感表达，爱的相互表达会让我们的情感链接更紧密。像我这种稍内敛的人，自从有了孩子，在孩子面前也超级爱搞笑爱表达，相信别的妈妈也一定可以做到。

向孩子学习无私地表达情感

小屁孩儿浩仔，虽然身高已达 114 厘米，但乳龄才 4 岁。不知是否因名字中含 3 个“口”，他特别善于表达，而且话语间具有丰富的感情色彩。碰到觉得不爽的人或事，他爱解气地说：“屁死你。”这句话似乎很能激发想象，用屁熏死，还是用屁股墩死？爸爸妈妈每次都忍不住想笑。

这个小屁孩儿，表达起爱意来也充满了情感。对于他最喜欢的妈妈，更是每次都将爱意表达得淋漓尽致。

一天，我下班回家后，他跑过来扭扭捏捏地说：“妈妈，我今天有点儿不舒服。”

“怎么了？哪里不舒服？”我顿时紧张起来。

“妈妈，我有点儿不舒服，因为我想你了。”原来是一整天没见到妈妈，有点儿“思念成疾”，我在心里偷着乐。

“妈妈，我想你一年了。”

我故意逗他：“你就想妈妈一年啊，那你明年是不是就不想妈妈了啊？”

“妈妈，我什么都不干，我就想你了。”浩仔赶紧否认，时间什么都是浮云啊。我偷偷地得意地笑了。

他突然又补充道：“妈妈，一百年后我死了到天堂里，也会想你的。”我愕然，之前曾告诉过他，人过百年都会死亡去另一个世界。看来，妈妈说过的话他都记在心中了。小屁孩儿肯定不懂什么叫“死亡”，但他懵懂地想表达的是不受时空的局限，对妈妈会一直爱下去吧。妈妈不再言语，内心充满了涩涩而又暖暖的感动。

不料，浩仔的告白还在继续。玩了一会儿，他的小脑瓜也没有停下来，又突然冒出一句：“妈妈，我会想你一万年的。”顿了一会儿，他又道：“不对，是一万零一年。”“对，再加一年。”补充完之后，他满意地点点头。小屁孩儿一定觉得一万年是最长的了，但对妈妈的爱要比这最长远的还再多一点。

我有些哽咽，无法言语，转身去给他打水洗澡。回卧室后，小屁孩儿的爸爸得意地说：“浩仔刚说了‘我爱爸爸一万零二年’。”哈哈，原来，爸爸嫉妒妈妈，用玩具“威逼利诱”浩仔。

但小屁孩儿见着妈妈后，赶紧从玩具里抬起头来，认真地说：“我要是爱爸爸一万零二年，那我就爱妈妈一万零三年。无论怎样，妈妈是排在爸爸前面的。”“听到总结了吧？”我冲浩爸耸耸肩，想夺爱可没那么容易啊。

这一次次表达，是我听过的最深情的话语。什么“天长地久”“爱你一万年”之类的，比起孩子发自心底的声音似乎都逊色了。

孰料，对妈妈的爱激发了小屁孩儿的思维，他还有更进一步的表白。第二天一早，睁开他像弯月一样的笑眼，小屁孩儿第一句话就是“妈妈，你知道吗？不光我喜欢你，所有人都喜欢你”。

我再次愣住。

“所有人都喜欢你，包括我不认识的人和湖北人。”浩仔知道妈妈是湖北人，因此也默认湖北人他都熟识。

这是你在睡梦之中，想了一宿想出来的吗？看着你两眼冒光，我悄悄扭过脸去，落下泪来。

从时间上表达到尽头，接着从范围上又囊括所有。好吧，小屁孩儿，你给我的爱，真的是到了极致。

谢谢你，亲爱的孩子，谢谢你给予我如此厚重的爱。让我感动不已，又惭愧不已。我不是一个完美的妈妈，也曾没耐心地敷衍过你，也曾控制不住脾气吼过你。这都被你记忆

力很好的小脑瓜清零了吗？谢谢你用小小的心包容了这些。能得到你如此的盛誉，我也坚信自己给了你足够的爱和快乐。

记得曾经给你念过一个绘本故事《猜猜我有多爱你》，里面讲道：小兔和妈妈比谁爱谁多一点。最后，小兔子指着天边的月亮说："妈妈，我爱你直到那么远。"然后它满意地在妈妈怀里睡着了。兔妈妈抚摸着它，在心底默默念道："我爱你直到月球，再从月球上返回到这里来。"

这世上母子间的爱，永远不可能分清谁轻一点儿谁重一点儿。

这世上母子间的爱，永远是流淌在血液里连在筋骨中紧相随的。

亲爱的小屁孩儿，我不知道能否回馈你这么重的爱，但我一定会给你——我所有的爱。

每一次发问，都是孩子的思维在发光，是他们在探索中的成长。

面对不断成长的自己，面对这个新奇的世界，孩子将有十万个“为什么”，让我们陪他一起寻找答案吧。

陪他寻找“十万个为什么”的答案

“因为我比较事儿，又是一个小不点，所以我就叫‘事小多’。”有一次被妈妈“嘲笑”之后，浩仔一本正经地为自己取了这个“绰号”。不足5岁的小伙子，自我认识倒很清醒，而且确实将“事儿多”精神发扬光大，凡事都会一究到底。

特别是临睡前，躺在黑暗之中，他更会突发奇想，问思大涌。近期，他特别关注出生前的那些事儿。

“妈妈，在我到你肚子里之前，我在哪儿呢？”

“你在爸爸的肚子里呢。”爸爸大言不惭地说。这回答似乎很有大男人色彩，妈妈动了下嘴唇没发声。

“我在爸爸肚子里待了多长时间呢？”

“这个……你到妈妈肚子里的前一天，都是在爸爸肚子里的……还是让妈妈来回答吧。”爸爸语塞了。

“妈妈不是跟你讲过嘛，是爸爸的精子和妈妈的卵子结合到一起，才产生的你，之前你都不存在的。”妈妈尽量平静解释。

“喔，我明白了。就像神舟九号和天宫一号对接一样，我就从这一头爬到那一头去了。”这比喻倒挺生动。

“这个问题搞清楚了。下一个问题啊，那我是什么时候钻到妈妈的肚子里的呢？”

“你是在妈妈肚子里待了 38 周后出生的，也就是 8 个多月，应该是 1 月份。”对“事小多”来说，科学的数据更有说服力。

“我是 9 月 19 日出生的，那就是 1 月 19 日钻进妈妈的肚子里的。”他自己总结道。

妈妈迷迷糊糊，很困，但知道在没探究清楚之前，“事小多”绝对不会睡觉的。果然，问题继续。“妈妈，那我是怎么从你的肚子里出来的呢？”

“你躺在妈妈的子宫里，子宫就像一个小房子，它具有伸缩性，随着你长大而变大。等你长成熟了，你和妈妈一起使劲，就会顶开子宫口生出来啦。”为便于理解，妈妈用左手的食指和拇指围成圈，右手的食指使劲顶开它。

“我也试一下啊。”浩仔自己演示了一下，才开始另一个问题。

“那我在你肚子里吃什么呢？怎么吃饭呢？”

“有一根脐带，连着你和妈妈，把食物的营养输送给你。”

“啊，那我都吃了，妈妈吃什么呢？”浩仔不无担忧。

“没关系的，怀孕的时候，妈妈吃得特别多，一份营养给你，一份营养给妈妈。妈妈记得，一次都能吃一斤樱桃呢。”

“那……你吃零食吗？”浩仔赶紧问。

“不吃！就是饭菜和水果。”妈妈坚定地笑着回答。

“那含维生素的零食呢？”

“对，吃钙片这种。”

“喔……”浩仔“砸吧”了一下嘴，终于静下来，可能思路飘移了，竟有小小的遗憾：“妈妈，你当时为啥不吃零食呢？”

但提问绝没结束，第二天一大早，浩仔揉着惺忪的眼睛问道：“妈妈，万一我从你的肚子里爬不出来怎么办呢……”妈妈知道，新的一轮提问又要开始了。

亲爱的“事小多”，欢迎你发问。因为每一次发问，都是你的思维在发光，是你在探索中的成长，妈妈会打起精神，全力解答。

一个有能量的孩子，一定也是对世界充满好奇的，有强烈的求知欲望，爱思考爱提问，而且问题是连锁式的。

面对不断成长的自己，面对这个新奇的世界，孩子们的内心将有十万个“为什么”，让我们陪他一起寻找答案吧。

在我到你肚子里之前我在哪里？
我什么时候钻到你的肚子里的？
我是怎么从你的肚子里出来的？
我在你的肚子里吃什么呢？
……
嗨！我是浩仔，因为我比较事儿，爱问很多问题，又是小不点，所以我的绰号叫“事小多”。请多关照！

CHAPTER 2 · 第二章

成长型父母之
自我觉醒者

我爱你

——罗伊 · 克里夫特《爱》

我爱你，
不光因为你的样子，
还因为，
和你在一起时，
我的样子。
我爱你，
不光因为你为我而做的事，
还因为，
为了你，
我能做成的事。
我爱你，
因为你能唤出，
我最真的那部分。

这种打压式的爱，表面看起来在促使孩子进步，其实让孩子丧失内在动力和自信，对他们未来的成长是一种慢慢的侵蚀和摧残。

新一代“80后”“90后”，一定要成为觉醒的父母，给予孩子更多的包容和尊重，发自内心地去欣赏孩子，跟上孩子成长的节奏。

不做打压式父母
做新一代觉醒的父母

那天下班，穿过雍和宫桥时，看到了这样一幕：在桥边，一个母亲将自行车停下，大声训斥儿子：“你说说怎么回事？怎么考这么少？”那天还下着大雪，风也很冷，等我走得很远时，她还在训那个10岁左右的小男孩。

我一直在想，在那个小男孩的脑海中，也许记住的只是那天寒冷的风和路人异样的眼神吧。不知他是否会懂得母亲的一片“苦心”。

这样的场景，我在很多地方都曾碰到。恨铁不成钢，是多少家长的无奈。特别是现代社会，教育孩子的重任好像大部分都压在女性身上。妈妈们显得更加焦虑和不安。

好几年前，我经常在快餐厅里一坐几个小时，写杂志的一个栏目，也经常遇到妈妈接孩子放学，带孩子到那里写作业。大庭广众之下，妈妈们都会毫不掩饰地斥责孩子："怎么这么简单的都不会做？怎么搞的？"那份严厉总会引我侧目。

我总想走过去对她们说："我知道忙了一天，你也很辛苦，但你不能把自己的辛苦转嫁到孩子身上！你如果爱孩子，请一定要维护他的尊严！不要当众羞辱他，更不要一味地否定他！"

我们这一代人，自幼就是被父母严厉教育出来的，饱受过那种教育方式下的无助，甚至是伤害。但等到我们自己教育孩子时，却依然不自觉地地延续父辈的教育模式。

我一直深刻地记着一幕：

上初中时，爸爸教我化学课，总喜欢上课时点我的名字，让我回答问题。有一次测试后，我中午回家吃饭。爸爸一边切菜，一边怒不可遏地说："你怎么回事？那么复杂的题都能答对，可连水分子 H_2O 你都能写成 HO，你也笨得太稀奇了点吧？"他一边不停地说，一边还在菜板上切肉。我当时特别想说："爸爸你别生气，我很担心你会切到手啊。"

上大学后，我时不时写点小东西发表。而当我装着无意向老爸炫耀的时候，他总是在电话里不屑地说："你那个刊物是什么级别的？你能在国家级的发表吗？"听了后我顿时无语，原本以为远离他了就能不受干扰，可是老爸还是像个指挥棒一样要求着我。

因为我从小就受到这样的教育，导致在很长一段时间里真的很自卑，表现得自尊心很强。

在工作后，我才慢慢地调整自己的心态，接纳这样的一个在父母眼中不漂亮不聪明不细心的自己。这个过程，经过了好几年。

当然，这是我的父母不会知道的。记得有一回，两三岁的浩仔给我妈妈打电话时唱了几首歌。妈妈听完后，没有夸奖，而是问我："是你教他唱的歌吧？你只会唱这几首歌，所以也只能教孩子这几首。"

多么典型的我的父母一贯的语言。我听后微微一笑，不曾解释，也不知如何解释。要是在几年前，也许我内心还会愤怒，让你们夸奖一句那么难吗？但是现在，我已学会自我调适，在工作中也阅读很多心理类书籍。我明白无法改变父母对我的模式，只能改变自己的想法——不妄自菲薄，学会去欣赏自己，学会去爱惜自己，让自己的内心更平和。

内心深处，我明白他们是深爱我的。

但这种打压式的爱，表面看起来在促使孩子进步，或许会带来一时的成绩，但其实会让孩子丧失内在动力和自信，内心的挫败感会越积越重，对他们未来的成长是一种慢慢的侵蚀和摧残。

所以，新一代“80 后”“90 后”，一定要成为觉醒的父母，给予孩子更多的包容和尊重，发自内心地去欣赏孩子，跟上孩子成长的节奏，做成长型的父母。

PS：我的老爸老妈近年来开始夸奖我，夸奖的点是：“嗯，你是个不错的妈妈！”哈，还是沾了浩仔的光啊。

太阳当空照，
花儿吃爷爷。
我的小爷爷……
我的小奶奶，
咩咩咩……
这都什么啊，
奶奶又不是山羊。
咩~
咩~

老人永远觉得子女都还是孩子，他们怎么能教育好孙子呢？但如果子女真的教育好了孩子，老人也会从内心认同的。妈妈要先带动爸爸改变，继而一起影响老人的育儿观。

育儿需同心 全家总动员

养育好孩子，需要全家人齐心协力。妈妈要先带动爸爸改变，继而一起影响老人的育儿观。

浩仔出生在初秋，婆婆觉得天气渐凉，怕他受风寒，所以一直到百天之前他都没出过门。我实在无法忍受，终于在阳光灿烂的某一天，给浩仔穿好外套强带着他出门。因长期待在屋里，浩仔一到阳光下眼睛就有点儿流泪，不太适应。当时，我就决定以后一定要坚决抵制婆婆的“封建”观点。

浩仔小时候，婆婆也一定要给浩仔戴上手套，怕他挠脸。但我知道，孩子是通过手触摸来感受世界，所以坚决反对。有一次，公公婆婆出门后，我就把他的手套解开，让他自由活动。结果婆婆回家后，第一句话就是“你又故意把孩子的手露出来，让他把脸挠破?”本来就对她的种种做法心存不满，我当时就火了，冲出去和她理论，自然又是一场说不清的口水战。

这样的冲突实在让人生厌，我甚至几次都想到离婚算了。但是在流泪过后冷静下来，我也觉得硬碰硬地争吵，只会让事情越来越恶化，让自己也难受。从那以后，我变乖了，绝不和婆婆当面冲突，听到不好听的就当作没听到，表面应承但私下还是坚持自己的做法。

同时，让浩爸承担起他作为丈夫和父亲的责任来。

当时，浩爸特别爱说一句口头禅："我妈说……"有妈妈庇护的人，是永远都不愿意长大的。为让他早日脱离"恋母期"，我特意找了很多心理方面的书，有一些页码专门翻给他看，或装作无意地说一些没长大的男人们的故事，分析他们的心理和危害。

夜深人静的时候，和浩爸聊聊过往的岁月，深层次了解他的成长背景，动之以情晓之以理地帮他分析。潜移默化之中，他也开始反思，而我也表达了对他的理解。公公在外地工作，是身为教师的婆婆独自把他养大的，所以老公的恋母是有渊源的。但现在他做父亲了，必须承担起更多的责任来，而且随着浩仔渐渐长大，与他的互动也越来越多，浩爸的父爱也渐渐被激发出来。

我们也一起看育儿书籍或者讨论别人的育儿方式。有一次，我回家，看到浩爸坐在床头一副若有所思的模样，床边放着好几本育儿书籍，原来他被书里的内容触动，由书里的内容联想到了自己。那一幕，让我很感动。一个能不断学习、积极改进的爸爸，一定会懂得什么是好的育儿理念的。

当时，市面上已经有很多爸爸所写的育儿书籍，这些爸爸的理念都特别好，我也在第一时间买回来分享给他。人们常说母爱是天生的，而父爱或许需要引导和激发。

从此后，每当我和婆婆养育观点不一致时，就由老公出马和婆婆谈，虽然也会争吵，但婆婆不会记儿子的仇，而且渐渐地也不需要我介入，因为老公直接就会告知婆婆哪些是不科学的，哪些是应该坚持的。

比如，孩子一生病，老人就特别着急。浩仔偶尔感冒发烧了，婆婆就恨不得让我们赶紧带孩子去看急诊，但浩爸就会比较淡定，告知婆婆这是孩子增强抵抗力的时机，坚决不给孩子吃抗生素等药物，而是用物理降温和穴位按摩、充足睡眠等方法去治病。如此几番，婆婆看到浩仔的抵抗力确实慢慢变强，到如今他也没有打过针输过液，也就不再说什么了。

浩爸和我在一个阵营之后，我又开始对婆婆实行同化政策。

将育儿书放到卫生间里或婆婆能看到的地方，里面很多地方我都折页。这些书里大多都会讲到老人带孩子的种种问

题，她应该会被动地看到的。有一些教育孩子方面的光盘，也会拿给浩仔播放。浩仔打开 DVD 后，公公婆婆也会跟着一起看。由这些上了年纪的经验丰富的教育专家来说理，老人会更认同更愿意接受。

浩仔很喜欢卢勤老师的《长大不容易》一书里配的光盘。婆婆对此也很有感触，经常和别人说里面的事。有一次，我听见婆婆和老同事通电话，说道："卢勤说过的，孩子一吃手啊，你就强调，越强调他越吃。"我听完心里一乐，哈，婆婆开始充当育儿专家了啊。

此外，我们都有一些在外企上班的同学，受国外教育方式的影响，基本都是妈妈全职看孩子，坚决不让老人插手。我经常邀请他们来家里做客，他们的言论都比较"激进"，比如，他们认为老人带孩子百害无益，为此妈妈辞职全职带孩子。对这些言论，虽然婆婆私下会不认可，但对她的心理也是一种冲击，算是进行一种无意的"洗脑"吧。

用外在的理念来影响他们的观念，我们也用内在的实力来说服他们。比如，在北京上好的幼儿园不容易，老人都爱莫能助，但我们自己想办法解决了。

另外，我和浩爸教育孩子都比较上心，浩仔的种种表现在同龄孩子中都不错，婆婆的兄弟姐妹都夸奖不已。虽然婆婆总是自夸："那是当然的啊，浩仔是我一手带大的啊。"但我觉得她心里其实也明白，孩子的教育是离不开父母的。

其实，老人干预教育，一方面确实是因为观念的问题，他们接触不到新鲜的信息，而固执地认为自己的观念是对的，或者就是凭借曾经的经验去做；另一方面，他们对子女不放心，觉得子女都还是孩子，怎么能教育好孙子呢？如果子女真的教育好了孩子，他们也会从内心认同的。

最后，身为子女，也不能太偏激，非黑即白，认为老人的观点都不对，认为老人带孩子百害无利。其实，老人带孩子有很多好处，他们有时间做精细的饭菜，能完全地为孩子考虑。而孩子在与老人生活之中，内心也会收获一份珍贵的祖孙情，也懂得如何和老人相处。我们经常肯定公公婆婆的一些做法，他们收获价值感，也更乐意去做力所能及的事，做好子女的辅助者。比如，对婆婆做的饭菜，我们都是赞不绝口。如今，浩仔也觉得奶奶做饭最好吃，让婆婆觉得很有成就感。

经过了最初一两年的抗争和努力，婆婆终于明白教育孩子是我们自己的事，我们家也太平许多。现在，她很明白自己的责任，就是负责好浩仔的吃喝。而关于如何教育，婆婆已经完全放手。现在遇到问题时，婆婆会习惯性地说：“浩仔，你再不听话，我找你爸爸妈妈去了啊。”

父母与祖父母辈责权分明，明了各自的职责，就会形成一种教育的合力，而这对孩子的健康成长是十分重要的。

有了孩子之后，我发现时间流逝得特别快。恐惧 30 岁仿佛就在昨天，转眼就来了一个又一个 30 +。庆幸在时光流逝中，心境不曾改变。重温这篇 30 岁时写的文章，愿我们在每个年龄阶段都能得到不一样的成长吧。

我的 30+
向内寻求成长的叠加

能成为一个母亲，是一件特别幸运的事儿。因为孩子的出现，会让你重新审视自己的过往，会让你不断自我完善，会扩展你生命的长度和宽度，会让你的视野变得更加广阔。

元宵节出生的浩妈，终于度过了人生中一个重大的生日——30。之前一直对这个年龄比较抵触，觉得 30 岁是一道坎，于生理和心理上都不太好接受。但当这天到来时，却也异常平静。

仔细地回顾了 30 年的光阴，我觉得：第一，自己没有什么遗憾和后悔的事，没有对不起自己；第二，自己没有做过什么亏心的事，没有对不起别人。如果生命在这一刻结束，我也问心无愧，死而无憾。这样想过之后，觉得内心真的很平静，既然没有白活，那就继续勇敢往前走下去。

亲爱的老爸，一定要给闺女汇两千元过来说："三十而立，是人生的大事。"亲爱的老妈也一个又一个的电话，问吃什么好吃的了，有没有蛋糕之类的。好吧，闺女再大，也依然是他们眼中的孩子。

亲爱的浩爸，终于再次送来红玫瑰。在他的头脑中，这些东西是没有必要的，生活需要的是更务实更实际的东西。但尽管不赞同不认可，因为浩妈执着于所谓的浪漫，他也去做了。婚姻也许就是这样吧，需要各退一步，考虑到对方的需求和感受。

亲爱的浩妈自己，也许是受正在看的林语堂先生的《生活的艺术》的影响，也许真的是年龄使然，开始思考起一个问题来：我应该为这个世界留下点什么呢？

30 岁也许真的只是人生的另一个开始。

生日的前几天，我帮罕见病"黏多糖"宝宝找到了组织。因为之前采访黏多糖宝宝，知道他们需要挂靠一个基金会，才能得到救助，而正好之前采访过"天使妈妈"，一个帮助孩子的公益组织。于是我介绍他们见面，也不断咨询律师，讨论如何合作，之后也替"黏多糖"修改给基金的方案。最后，当他们终于能合作时，我特别开心。举手之劳，就能帮到那些生病的孩子，真是一件好事。

感谢亲爱的浩仔，让我的生命长度和视野变得更广阔。

因为浩仔，我常常自省和反思，很多潜力被激发。比如，被我的同学开玩笑——“这是一个能辅导孩子奥数的文科牛妈”。我性格的另一面也开始显现，无厘头和搞笑常常充斥大脑。浩仔总说：“妈妈，我喜欢你，你特别能逗我开心。”

因为浩仔，我开始关注到教育的方方面面，包括稍微前沿的全职爸爸、在家上学、儿童性教育，等等，对教育有了更深入的思考。当他在大庭广众之下问“性感是什么意思”，我会绝对坦然地回答：“性感就是这个人很有魅力。”

因为浩仔，我开始关注到“黏多糖”宝宝等罕见病孩子，愿意贡献一点儿力量去帮助这些孩子。

因为浩仔，我也更在意个人的一点点进步，会将杂志上发表的文章读给他听，会将在单位获得的奖状特意拿给他看。虽然只是从事一份普通的工作，也要让孩子看到妈妈的努力和向上。

30 年来，觉得自己做得最称职的角色，也许就是“妈妈”。做编辑和做妻子，好像都不是那么出色。但为人母，却总能感受到内心的悸动。孩子在哪个阶段最需要什么，答案总会在头脑中灵光一现。

女子本弱，为母则刚。

生孩子时太使劲，导致膀胱损伤；抱孩子时太累，导致手腕键鞘拉伤；虽然当时我只有九十多斤，自己都是个纸片人，也坚持给孩子母乳喂养到了一岁。一直特别怕黑，在浩爸出差时，我独自带着娃入睡，绝不在孩子面前表现一丝害怕的样子，不想让同样怕黑的娃知道后更害怕。

孩子让我们有了软肋，也有了铠甲。翻看日历才发现时间真的如白驹过隙，但我们不再畏惧岁月的流逝。

因为你养育的这个孩子，他的身高已从 50 厘米变成了 150 厘米，整整增加了两倍，这是时间给予的最好的回馈。

小时候，每次走在上学的那条路上，我都会想着："这条路通向哪里？那里的世界是什么样的？"如今，我依然走在这条路上。这样的路我还是不知道会通向哪里，但我知道那一定是更广阔的天地。因为我不再是一个人，因为母亲的身份让我变得更强大。

爸爸，两天没见到你啦，好想你啊！我好喜欢你啊！
我也喜欢你啊！

见过很多夫妻感情好的家庭，养出来的孩子都是比较有爱心，性格也很温和。和睦的家庭，会让妈妈身心愉悦，爸爸更爱回家，孩子也能更健康成长。

夫妻关系 > 亲子关系
家庭和睦孩子才幸福

见过很多夫妻感情好的家庭，养出来的孩子都是比较有爱心，性格也很温和。也听过有一些妈妈倾诉自己育儿的情绪崩溃时刻，其实仔细听完，发现她们或许只是需要爸爸的一句认同或关爱。

好的夫妻关系离不开彼此的相互包容、认可，离不开共同成长。

我是南方人，浩爸是北方人；我是文科生，他是工科生。我们从性格爱好到生活习惯、思维方式都完全不同，从最初的磨合争吵，到现在的渐入佳境，其中也是起起伏伏。

在这几年之中，浩爸的脾气也越来越好，从以前的暴跳如雷，到现在的心平气和，也许男人真的会在有了孩子后成长起来。而我也从最初的那个时刻将目光放在他身上，时刻等着他来关心的索爱女，变得更关注自我，更懂得给双方空间。

我曾经要求过他时刻给我电话，曾经要求他有时间就陪我看电影，要求大男子主义的他细腻浪漫体贴，一旦他不满足我的需求，我就大吵大闹，觉得他不爱我，最后让他变得越来越不耐烦。

到后来我慢慢调整心态，也从很多采访对象身上汲取了智慧，看很多心理和心灵成长的书籍，慢慢了解到自己——因为不自信，因为将自己的快乐寄托于对方，所以对方不堪重负。当我将目光更多地放到自己身上，做自己喜欢的事，学会自己找乐时，我发现自己轻松起来了，他也轻松起来，关系变得更融洽，彼此也更快乐。

我不能一直活在抱怨之中：上天为什么没有给我一个预想的那般温柔体贴的男子？我不能一直懊恼：为什么不能把他改造成我想要的那个样子？婚姻中最怕的也许就是“改造”两字，但你绝对可以做到潜移默化去影响对方，换个角度去欣赏对方。

所以纵使浩爸还有很多我认为的缺点，比如：舍不得花钱、事儿多、爱数落人、大男子主义，等等。但我还是想多说说我眼中的优点，把它们记录下来，时刻提醒我，这是一个多么好的男人，我应该珍惜他，珍惜我们的婚姻。

浩爸是一个十分积极乐观的男人。无论什么问题，他都会积极面对，积极去解决，他的QQ签名永远是一句话“再艰难的旅程，也要骄傲地走过”。无论我在生活、工作中遇到什么问题，他总能一针见血地指出要害，然后给出建议。当我对他人有抱怨时，他会说：“多找事的问题，少找人的问题。”于我而言，浩爸是亦师亦友也亦父，对此我内心是感激的，虽然我从不曾当面对他说过半个谢字，估计说了他也不适应。我们更多的时候像哥们，无话不说的哥们，相互指责相互调侃，是生活的常态。

因为生命有了积极的底色，所以他能时常用幽默的话语来应对生活。随时随地，他都能很快地反应过来，用玩笑和幽默逗得你哈哈大笑。

也许浩爸不是一个特别好的老公人选，但他一定是一个好爸爸。我真的很少见到像他那么用心对孩子的男人。他总是十分耐心地陪浩仔玩，而且会用心地编儿歌、编故事，编造各种充满趣味性的场景地来逗得浩仔很开心。浩仔十分喜欢和浩爸一起玩，而且因为浩爸善于引导，浩仔很听他爸爸的话。浩仔不喜欢做的事，都由浩爸教他来做。每天浩爸教浩仔刷牙、洗脸、洗脚，这是浩仔点名要求的。

浩爸爱看各种书，可以用博览群书来形容了。历史书、军事书、文学书都很喜欢。不断要求进步的他每天早上都在听新概念英语，浩仔受其影响，每天从幼儿园一回家就嚷着："我要听新概念。"父子俩吃完晚饭，就会一起听一会。

我也使劲挖掘出来他的浪漫和可爱来了。有一次周末我提议早上去划船，结果被浩爸否定了，他说："划船最好的时间是下午三四点，阳光不那么强烈，但也不昏暗，那个光照在湖面上是最好看的，你划的时候就会对这个场景记忆深刻。"当时我就在想，果真女人的浪漫是表面上的，男人的浪漫是骨子里的，划个船也要这么多讲究。浩爸不愧为"事多之王"啊。关于可爱的记忆，是有一次他从幼儿园带浩仔回家，两个人兴致勃勃地讨论着一片银杏叶。浩爸说："这是某某送给浩仔的，所以要珍惜。"那份童真般的可爱，让浩妈当时也小小心动了下。

浩爸还有一些小才华，他们单位50周年庆时，他既是主持人，又兼独唱和大合唱。

用一句话总结，浩爸是一个比较有人格魅力的男人。我绞尽脑汁，东扯西凑地写了这么多，不知浩爸看完后是会骄傲还是不好意思呢。

仅以此文献给我们需要不断成长的婚姻。

其实，男人大多是直线型思维，不太会猜测女性的心思。如果妈妈们可以多表达自己的需求，对爸爸提具体的建议，会减少很多家庭矛盾；学会欣赏和夸奖爸爸，女人的赞赏是男人前进的动力。

和睦的家庭氛围，会让妈妈身心愉悦，爸爸更爱回家，孩子也能更健康成长。

获得的爱越多，孩子的安全感越充足。如果不是一起同住，孩子对爷爷奶奶、姥姥姥爷的感情一定不会很亲近的。

家有一老胜似一宝
说说老人带娃的 N 种好处

据中国家庭教育学会的一项调查显示，如今 80% 的城市家庭都是由老人帮带孩子。很多父母担心，因为教育理念不同以及老人对孩子过分宠爱，会造成育儿难题，但隔辈亲那是人之常情啊。

通过爷爷奶奶带浩仔这几年，我发现其实老人带大的孩子有很多优点呢。当然，前提是父母掌握教育的主导权。

第一，爷爷奶奶对孩子的照顾绝对是无微不至、百分百的真情，绝对比请一个保姆更让人放心。无论父母有什么事情，甚至出差，都不会担心出什么状况，绝对放心。

第二，对孩子来说，和爷爷奶奶一起生活的经历，也是他十分重要的情感体验。获得的爱越多，孩子的安全感越充足。如果不是一起同住，孩子对爷爷奶奶的感情一定不会很亲近的。

第三，和爷爷奶奶一起生活在大家庭之中，孩子就比较适合人多的环境，不会太怕生。见过很多妈妈一个人带的孩子，因为整天接触到的就是妈妈，所以对妈妈特别依恋，见到生人就害怕。

第四，家里人多，每个人都有各自的优点，孩子耳濡目染一定会学习到的。比如，我们家奶奶擅长交际，浩仔几乎对院子里所有的老太太都很熟悉，见到了就热情地打招呼。爷爷虽然不太爱与人交往，但他博览群书，懂得知识很多还会教浩仔下围棋，学古文之类。这些必定会影响到孩子。

第五，家里人的性格都不太一样。一起生活时，小孩子会懂得与个性都不太一样的人相处，会自己总结出相处的经验来。以后他和不同的人相处，就会用到自己的经验。

当然，父母一定要秉承一个观点：教育孩子是父母的事，老人替我们看孩子确实很辛苦，但他们主要负责的是孩子的生活，孩子的教育还是要由父母来负责。

父母在教育上的主导地位奠定下来后，孩子也会明白。虽然有时候浩仔也会向老人提一些无理要求，但他会知晓这是不对的，是只能偶尔犯的小错误。比如，浩仔小时候，我们都不让老人喂饭，让浩仔明白吃饭是自己的事。他有时只顾着玩，奶奶着急了就会喂两口。如果奶奶着急出门顾不上

喂他，就让浩仔去找妈妈，结果浩仔冷静地说："妈妈不会喂的，爷爷想喂。"孩子都是猴精的，对家里的状况十分清楚，也知道自己的要求是无理的，所以不会常犯。

当然，教育的主导权在父母手中，父母就一定要担负起来，需要父母做到真正了解孩子，能和他说到一块，玩到一块。老人毕竟年纪大了，让孩子学习到新鲜的、与时俱进的东西，主要还靠父母的带动。

你总能了解他要什么，你总能给他想要的，总能给他新鲜好玩的，这样的家长对孩子是有吸引力和震慑力的，教育的主导地位是谁都夺不走的。

CHAPTER 3 · 第三章

成长型父母之

孩子成长的观察者和助力者

（0～3岁）

这个世上最奇妙的事情是见证一个生命的成长。

从他们牙牙学语，混沌地发出第一个音节，到他们成为小话痨，却分不清“你的”和“我的”，再到他们如哲人般语出惊人、一语中的，这就是成长的奇妙。

做一个见证者、记录者、观察者、帮助者，给予0～3岁孩子爱与安全感，陪伴是最好的教育。

小小的记录，见证一个生命成长的神奇，见证一个孩子的成长历程，也会引领妈妈去领悟和思考。不用担心自己文笔不好，无论从事什么职业，母亲对孩子的那份心意是相通的。

成长记录是给孩子最好的礼物

或许每个女人做了妈妈，都会有一种幸福的“眩晕感”，觉得上天对自己太眷顾。

孩子那忽闪忽闪的长睫毛，亮晶晶的充满求知欲的黑眼睛，以及眼睑处那道渐渐消失的婴儿蓝，头上慢慢闭合的囟门，无不诠释着生命的神奇啊。

我曾经无数次深深地注视这个神奇的小家伙，有时候走在路上忆起他的笑脸，感觉空气中都充满了甜蜜的味道。

但我发现，哪怕曾经这样目不转睛地注视着他，他之前发生的很多事情我都无法记住了。我忘记了他什么时候会翻身，什么时候会第一次叫“妈妈”……

我曾经以为这些都会深深印刻在脑海中的，但大脑的遗忘能力不容小觑。尽管之前我也写过一些给浩仔的信件文字，但系统和持续的记录并没有。

于是，我决定从孩子 2 岁开始，为他写成长记录。一方面，用文字对抗住大脑的强大的遗忘功能，记录孩子成长的历程，将来是他童年美好的回忆，也是一家人重温的美好记忆。另一方面，在记录中，妈妈作为观察者、记录者会有思考和领悟，能适时进行教育方面的总结和调整。

2 岁之后的孩子，将迎来语言敏感期、空间探索期、秩序感建立的关键期，也即将开始第一个叛逆期。浩仔当时的口头禅就是——阿不！

“可怕”而丰富的 2 岁，以及以后更精彩的生命呈现，将这些一一记录是一件多么有意思的事儿啊！当然，关于孩子的成长记录，从几岁开始都不会晚，关键在于坚持。

因为这些记录，如今我再翻阅时，发现浩仔处在 2 岁的语言敏感期时，还真是表达能力大爆发啊。

比如，随时随地蹦出来的想象力。2 岁左右时，浩仔就能说很多比喻句了。带他去儿童乐园，小汽车的拱形门，他会说：“像个月亮。”我叠衣服，他会把衣架竖起来开，然后说：“大轮船，呜呜呜”；玩累了，他躺在床上，将两臂摊开，悠悠地说：“蝙蝠侠”。

他的记忆能力也非常强，基本上儿歌教两遍都会背下来；喜欢的故事书，能自己背下来，虽然还不能完全明白其中的意思；语言表达方面，模仿能力越来越强，大人说的话都会模仿，而且还经常冒出一些成人的词来。

他的认知能力有所提升，但复杂的词还是不太明白。浩爸总出差，有时浩仔睡觉的时候就会问：“爸爸什么时候回来啊？”“后天。”“什么是后天啊？”“后天就是过了明天再过一天，两天后。”他听完后，想了想，说：“1，2。爸爸回来了没有啊？”在他的小脑袋中，数两下就代表了两天。

没有什么比一个生命的成长更神奇了，这个过程中有太多的不可思议。

如今，这份育儿记录已经持续快10年，多达几十万字。我喜欢随身携带一个小笔记本，随时将孩子的各种好玩的事儿、突发难搞的言行记下来。我也会在博客、公众号上对这些记录进行梳理，写下自己的领悟、反思、总结。

身边也有妈妈每年会给孩子出一本微信书，将自己一年里关于孩子的微信记录整理出来，这也是很好的记录方式。

小小的记录，见证一个生命成长的神奇，见证一个孩子的成长历程，也会引领妈妈去领悟和思考。不用担心自己文笔不好，无论从事什么职业，母亲对孩子的那份心意是相通的。

对孩子来说，父亲和母亲都是生命中最重要的角色。父爱的宽广和母爱的细腻，会让孩子更有安全感。

用父爱的宽广和母爱的细腻为孩子的安全感奠基

从心理学讲，0～3岁是孩子安全感形成的关键时期，专家的普遍观点是妈妈要多陪伴着孩子，并及时回应孩子的需求，但其实父亲的陪伴也不可或缺。对孩子来说，父亲和母亲都是生命中重要的角色。给予孩子父爱的宽广和母爱的细腻，会让孩子更有安全感。

浩仔2岁多时，我有一天晚上和朋友吃饭聊天，回家后发现浩仔和爸爸在床上玩积木。床上还摆着一本书《卡尔威特的教育》，这本养育男孩的书浩爸早就买了，那天估计是拿出来再次翻阅。

我开玩笑地说："又在向教育专家学习啊。"浩爸沉思了片刻，说："其实我觉得没有所谓的教育专家，只要你爱孩子你就可以成为专家。"听到这句话，我在心里不禁暗自为浩爸叫好。

周末时，我们带浩仔去翻斗乐玩，在院子里碰到了月月妈妈。月月比浩仔大两天。浩仔礼貌地问好，然后自己跑着追我。月月妈妈感叹："浩浩比以前活泼多了啊，明显长大了。"

1 岁左右浩仔还是比较敏感害羞的，为什么 2 岁后会变得落落大方了呢？和月月相比，他显得成熟和懂事多了。

后来，我把这归结到，因为父母陪伴他的时间越来越多。月月从小就是保姆带大的，父母工作都很忙，周末也是父母最多有一方在陪着她。

在浩仔 1 岁以后，浩爸基本就减少了出差的频率，而且他会学习很多适合孩子年龄的游戏，回家带着浩仔一起玩儿。

浩仔每次见到爸爸都十分激动，因为爸爸带他玩得比较"野"，会教他练倒立，会把他立在自己的肚皮上。浩爸带他去公园里的儿童乐园里玩，基本上是不管他的。而浩仔和我在一起，却不敢玩那些同样的器械的。这或许就是爸爸和妈妈的区别。妈妈总会担心孩子出事儿，而这种担心又会传递给孩子，让他觉得自己不可能会完成，但爸爸的大胆放手，会让孩子更勇于去尝试。

我自己也努力做到工作就在办公室完成，在家的时间完全属于孩子。而且每天回家时，我都会想着带给浩仔一件礼物，有时是一本书，有时是一个小玩意，有时甚至只是几个硬币，让他投进小猪储蓄罐里。妈妈的爱总是这样的细腻具体，不像爸爸的那样大胆，有规划和远瞻性。

能明显感觉到，浩仔越长大越渴望同时拥有父爱和母爱。比如，之前他曾经表白过很多次最爱妈妈。但等到 3 岁后，再问他最喜欢谁，浩仔从不会回答是爸爸或妈妈，而是不得罪任何一方："我最爱浩浩！"如果我和浩爸讨论的话题他听不懂，他会很着急地问："爸爸妈妈说什么？"以前每天晚上都是我给他讲故事哄他睡觉，而现在他在临睡前会问："爸爸在哪儿？"

对孩子来说，父亲和母亲都是生命中重要的角色。父爱的宽广和母爱的细腻，都是孩子安全感的基础。所以，有时候与其过度相信教育专家的理念，不如相信你的爱和陪伴就是给孩子最好的教育。

2019 年春晚小品《抢占 C 位》引发很多家长共鸣。小品中的父亲想尽办法帮孩子抢占班级 C 座，最后才发现自己竟然弄错了孩子的年级，可见其在陪伴上多么缺失。其实，最好的 C 位不是把孩子送进哪所好学校、抢占班级里的哪个好位置，而是父母在孩子心房里占据的不可或缺、无法撼动的位置。

高质量的爱与陪伴，离不开父母全身心投入，和孩子一起玩耍。

高质量的陪伴
离不开美妙的亲子游戏时光

感谢孩子，在陪他玩耍时，我们也有机会“返老还童”了。

“拔萝卜拔萝卜拔，洗萝卜洗萝卜洗，切萝卜切萝卜切，炒萝卜炒萝卜炒，吃萝卜吃萝卜吃。”我和浩仔一边念着儿歌，一边用手“蹂躏”着“大白萝卜”——脱了上衣俯身躺在床上的浩爸。我们拨弄着他的身子假装是“拔”，然后用手来回呼噜后背当作是“洗”，接着侧着两手来回地“切”，再用手心当成锅铲从身体两侧“炒”，最后就两手一挤，将浩爸背后鼓出的一小块肉当作是萝卜，张大嘴巴假装津津有味地吃起来。游戏最后，我和浩仔也笑得躺倒在床上。

每天晚饭后，洗漱完毕，就是我们一家三口的游戏和阅读时间。我和浩爸约定，我们俩谁有应酬，晚上无法及时回家，另一个一定要早点回。

我们的游戏都是很随机的，有些是自己小时候玩过的，有些是从别的地方学到的，也有灵光一闪当下开发出来的。不过，玩什么并不重要，重要的是最好父母一起参与，而且要用夸张的动作和表情，更容易吸引孩子。“爸爸，再玩一次！”“妈妈，就最后一次，这次是最后一次！”每次当我们跟浩仔玩游戏结束时，他总会这样一再要求，可见游戏对孩子的魔力。

我们常玩的有：抬轿子——浩仔坐在爸爸妈妈用手架起来的轿子里，两手分别搂着爸爸妈妈，上上下下，颠颠簸簸。木头人——“一二三，我们都是木头人，一不许动二不许笑三不许露出大门牙”。通常我憋住不动，但浩爸故意挤眉弄眼，导致浩仔忍不住笑场先动起来。背背驮——浩爸背着我，我再背浩仔。或者浩爸背浩仔，我再假装被浩仔背着（其实还是用手搂着浩爸的脖子）。这游戏挺锻炼浩爸的身体的。玩纸牌——把牌分成三份，每人一份，玩比大小看谁先出完牌，玩老牛拉车看谁先输光。买卖书——浩仔将书摆得满床都是，然后让我们轮流地一本一本地买。他自己叫价，然后我们假装给他多少钱，他再假装找钱。

有段时间，父子俩都爱上了跳舞，俩人会在浩仔最喜欢的《巴布工程师》的音乐里，一顿“上蹿下跳”。浩爸的动作比较杂，霹雳舞、街舞、印度舞混搭。浩仔有时跟着爸爸跳，有时自己发挥，异常兴奋地手脚齐动，拉着爸爸常常连跳五次还不停。浩爸都累了，他还依然兴致勃勃。我在一旁负责给他们录像。等他们停下来，就会坐在一起陶醉地欣赏刚才的舞姿，又是一阵哈哈大笑。我常常觉得房间太小，装不下这满满的欢笑。

爱孩子，一定要陪伴他，而高质量的陪伴离不开父母全身心投入地和他们一起玩耍。**只要父母抱有一点童心，一定会找到孩子的兴奋点和兴趣点所在，亲子游戏绝对是家长通往孩子内心的桥梁。**

做一个心平气和的妈妈，遇事懂得与孩子协商，让孩子提出解决办法。自己解决问题，也是孩子从两岁之后逐渐强烈的自我意识的要求。

相互协商
让孩子提出解决办法

曾经我也是一个很焦虑的新手妈妈，不相信自己，而且不相信别人能带好孩子。记得产假休完刚上班那会儿，我内心总是牵挂着：浩仔今天吃的怎么样，拉的怎么样啊，有没有出去玩啊。真的是“人在单位，心在家”。

也就是在这样的一次又一次内心的煎熬中，在问题一次又一次被解决掉，在孩子一天一天健康成长中，我的心渐渐变得平静起来。因为我发现，很多当时觉得严重的育儿问题，都在时间流逝中，慢慢消失。而很多问题其实也不是问题，只是孩子成长过程中必经的一个过程。

2 岁多，浩仔吃饭的时候还比较“散漫”，喜欢旁边有书，有各种玩具小动物陪着他。有时还喜欢从他的小板凳上站起来，四处巡逻，怎么都叫不回来。每到这时，我都很生气，真的可以感觉到有一股火从胸口“噌”地一下窜到喉咙，只差从嘴里喷出来。

一次采访中，我与一位专家一起探讨这个问题。她说：“在养育的过程中，怎么可能没有困惑呢？重要的是想一个两全其美的办法，让双方都能接受。”这句话倒是提醒了我，为什么不让浩仔与我一起来解决这个问题呢？

回想一下，我总觉得是孩子不听话，但这所谓的不听话，是他没有按家长的意志去做。我们想强制孩子来遵从我们的决定，遭到孩子的反抗又是多么正常的反应。在儿童成长规律上，2 岁之后，他们的自我意识越来越强，对我们说“不”无比的正常。

我对浩仔说，吃饭的时候，如果他不能好好吃一定要从小板凳上站起来，我就会把饭收走，但是我不希望他没有饭吃，我们是不是有什么办法来解决这个问题呢？比如他吃饭的时候，是不是可以让他心爱的玩具们去睡个午觉？这样他吃完了，小动物们也会更有精力陪他一起玩耍。

浩仔说：“玩具可以睡觉，但是书要借给恐龙先生看，等我吃完饭恐龙先生就要把书还给我。”于是每天吃饭前，浩仔都会安排好自己心爱的玩具们去午睡，又把心爱的图书打开，摆放整齐，把恐龙先生摆在旁边，一本正经地盯着图书，还要跟他讲：“你不可以把我的图书弄脏、弄坏哦，不然我明天不借给你了！”然后他才心满意足地安心回到桌边吃饭，而且每次吃饭的速度也加快了很多。

还有一次，浩仔在公园里看喜欢的小火车，到了该吃饭的时间也不愿回家。我问他要怎么才可以回家，浩仔说再玩一会儿。我对他说：“妈妈知道你想看，我们再看 10 秒钟，你数 10 下我们就走。”于是他开心地一边数一边看，数到 10 后，很自觉地跟我一起回家了。

我带他去翻斗乐，两个小时的时间快到了，他还想坐秋千。我看了看时间还有一点富裕，就对他说：“你可以再坐一次。”他坐上去，只荡了一下，就自己爬下来跟我走，根本不用催促。每次我带浩仔去游乐场时，几乎都能看到有孩子不管家长怎么叫都不肯走，甚至躺在地上大哭、撒泼打滚的情形。每一次我都很庆幸，我与浩仔一早就把这些问题都解决了。

通过这几件事，我感到共同商量这个方法特别有效。孩子不是不懂得协商，如果你尊重他的意愿，共同找出解决办法，他也会为你退一步，达到你想要的效果。让孩子自己提出解决方案；或者家长从孩子的角度提出建议解决方案，与孩子一起探讨。既能让孩子感受到被尊重，也能让他更积极地参与到自己提供的解决方案中，提升了自我意识，能更有效地管理自己。

想要保证这个方法成功，还有一些小技巧需要家长注意：对孩子提要求时，不要临时起意，在乱哄哄的环境中，孩子一边要听你说，一边还要看着旁边热闹的玩具或游戏，诱惑中不分心是不可能的，安静地听你讲话也是不可能的。所以双方一起寻找解决方法时，要有必要的仪式感，安排在安静的环境中，让他们感受到你的认真和尊重，是非常重要的。

我们要无条件地接纳和尊重孩子的特质，但社会的规则和家庭的规矩，却是需要孩子从小就学会遵守的。

接纳孩子的特质
教导孩子遵守规则

“无条件地接纳孩子，给予孩子爱和自由。”这是很多新生代父母比较推崇的教育理念。但在现实生活中，依然有很多父母并未做到无条件地接纳孩子的特质。“我的孩子内向，怎么能让他变得外向啊？”“这孩子太胆小了，怕他以后被欺负啊！咋能更大胆一点啊！”

父母只看到了表象，而没有看到或许这是孩子的特质。美国作家苏珊·凯恩在她的著作《内向性格的竞争力》中说，现在社会过于推崇外向性格，但她发现性格内向者也能成功。后来，她做了一场《内向性格的力量》TED 演讲，举了很多例子，证明内向者更容易成功。

特质本身无所谓好坏。其实，内向的孩子可能更善于思考和观察，而胆小的孩子也只是性格比较谨慎。换一个角度去看，这些都是优点。

如今的浩仔是一个大皮猴，什么都想去尝试一下，胆大到以后都可能去玩极限运动的那种。但当我翻看之前的记录时，才发现原来3岁前的他也是一个“胆小”的娃儿。

那个时候，他不坐任何远离地面的玩具，如旋转木马、小飞机、船。虽然他很喜欢看别人开旋转的小飞机，但自己从不坐。每一次，那个管理员老爷爷都会嘲笑他胆小，但我从不强迫他。我没有给他贴一个“胆小”的标签。作为一个AB血型处女座娃儿，他只是比较谨慎，不关乎勇敢与否。

有一次，一家人去划船。到了岸边，浩仔却怎么都不上船，一个劲地说：“爸爸妈妈上去，浩浩在下面看着。”我们也没勉强他。当时，浩仔唯一喜欢的远离地面的活动，就是蹦床。或许是因为那也不算是没有“脚踏实地”，脚也踏在蹦床上呢。

这是他的特质，和别的孩子不一样的地方，我不能强迫，而是完全接纳，陪伴着他，在他需要的时候给予帮助。事实证明，在我们这么多年的陪伴和支持下，在好奇心和求知欲的支配下，如今的浩仔会勇于去尝试很多新鲜的东西。

我们要无条件地接纳和尊重孩子的特质，但社会的规则和家庭的规矩，却是需要孩子从小就学会去遵守的。

我们需要从小就把孩子当成一个“人”去看待，不弱化他，不溺爱他，更不放任他。

对浩仔说话，我们从不使用“吃饭饭”“喝水水”“撒尿尿”这样的叠词，而是“吃饭”“喝水”“上厕所”。把他当成一个平等的人去看待。

如果他在奔跑中不小心摔倒了，我也会去制止奶奶的经典动作——用手敲打地，边敲边说：“叫你绊倒我家娃儿!”而是跟浩仔讲清楚：“宝贝，地是静止的，它一直在这儿不动，是你不小心撞着它了，你是不是应该向它道歉啊!”

从小讲道理，让他懂规则，孩子才不会以自我为中心，知道底线在哪里，而不是无休止地去试探。懂规则的孩子，更有安全感。

社会规则，比如公众场合需要排队、不能大声喧哗，想玩小朋友的玩具需要先获得对方允许，这些要从小教给孩子。家庭规则可能每家不一样。我们家是不以孩子为中心、家庭成员人人平等、每天八点半按时睡觉，等等。重点在于说到做到，共同遵守。比如去购物，我们都是提前约定只买一两样玩具或零食。有了这种约定，孩子既不会“贪得无厌”，也会懂得自己去比较和取舍，选择自己最需要的。这是对自控力和选择能力很好的锻炼。

一个从小被父母尊重也懂得遵守规则的孩子，是有能力去发展自己和约束自己的。既尊重自己也尊重别人，才会获得真正的自由。

孩子的求知欲和好奇心是最宝贵的财富。让他从小在体验中学习，在实践中总结和探究。

天才？普娃？体验式学习都必不可少

每一对父母是不是都有一个天才梦？在某一个瞬间，觉得自己的娃与众不同、能力超群？

拿我家小伙子是否是超常儿童一事来说说吧。

浩仔3岁时，我带他和一个专家朋友吃饭。看着浩仔能自己读书，将书里的内容一字不差地讲述出来，教育专家告诉我们“中奖”了，说：“你这个孩子是超常儿童啊，百里挑一啊。我推荐你给他报一个超常班。”

我跟浩爸觉得自己都是普通人，突然被告知养了一个天才，当晚真是辗转反侧，十分激动和不安，不眠中仔细回顾了这三年来浩仔的教育旅程。

一切都源于他对汽车的喜爱，引发了他对数字和汉字的喜爱。

很小的时候，浩仔就很喜欢去小区停车场玩，认各种车标，每天要去好几次。有很多车标，我也不认识，于是专门买了一本车标的书，和他一起看。到后来又给他买《汽车之友》《赛车总动员》之类的书，还有“第一次发现系列丛书”里面的汽车、火车、飞机，他都特别感兴趣。2 岁左右他几乎能认识所有的车标。

浩仔又开始对车牌号感兴趣，每天要去摸摸车牌，让大人告诉他上面的数字。看着他对数字很感兴趣，我又给他买了带磁铁的数字小黑板，可以将各种数字粘贴到黑板上，他很喜欢。在这个过程中，他又认识了数字。当他熟知“1 ～ 9”这些基本的数字后，再教他十位数就很容易了，他也学得很快。

我们也不敢教他太多，担心他不明白。但后来，他自己天天去停车场“点读”，碰到百位以上的就不知道了，我索性就告诉他“个十百千万”，从最后一位数字倒着往前数，没想到他一下就学会了。几万几千几百几十，读下来没有任何问题。

因为他很喜欢车，我就给他买了一本托马斯的火车的书，他十分喜欢，每天都要去报亭再买一本，后来浩爸就从网上给他订了一套。这期间也买过《婴儿画报》《幼儿画报》，还有一些绘本，但浩仔对它们的喜爱度和托马斯差得很远。他每天一睁眼，就要求“妈妈讲托马斯”“爸爸讲托马斯”“爷爷讲托马斯”“奶奶讲托马斯”，十分狂热。

在日复一日的反复阅读过程中，因为对人物和情节的喜欢，他几乎将这十几本书倒背如流，上面的字也基本都认识了。

在一套托马斯几乎翻烂之后，我又给浩仔买了一本《巴布工程师》，里面也讲了很多车的故事。不出所料，浩仔一下喜欢上，最后又从网上给他订了一套。3 岁的浩仔对 15 本巴布的书兴趣很大，也天天要求念读。

在这个过程中，没有人教过他单独认字，但他的识字水平却在不知不觉中有了突飞猛进。浩仔现在对书的兴趣很高，绘本、英语、科教之类的都喜欢拿出来翻看。从幼儿园的亲子班回来，第一件事一定是拿起书来看，并且感叹地说：“好半天没看书了！”

对汽车的喜爱，引发了他对数字和汉字的喜爱，我们捕捉到了他的这个敏感期，全力支持他的兴趣，引领他学会读书看报、加减乘除。

抱着不留遗憾的心理，在浩仔 4 岁多时候，我们带他报考了某机构超常班的测试。因为提前告知他的是“有一些好玩的题目让你去做做看”，结果他轻松地入场考了两小时。但最终测试结果显示浩仔的智商是中等，而不是优秀。

继续咨询专家朋友，同时和网上许多同样对娃“心抱幻想”的家长们沟通了下，结果许多人都说其实考题跟奥数有关，学过的孩子自然好通过。

于是，在浩仔5岁时，我咬咬牙“一掷千金”，花5800元给他报了一个由中科院某教授办的考前辅导班。培训了8个半天再去考，他的测试结果依然是中等。

又是一个不眠之夜——完全靠他自己没考过，借助外力还是没考过，所以哪怕浩仔确实有很多超出一般孩子的表现，但他还是一个普通孩子。

好吧，内心还是有些许失落的。天才梦……破灭了……但转念一想：孩子尽力去考了，自己作为家长也尽力了，所以也没什么好遗憾的，坦然面对和接受吧。继续按照咱的“发掘兴趣、体验学习、激发潜能、快乐成长”，去教育他吧。

因为浩爸带着观看了神舟九号的飞天过程，浩仔对飞船和火箭特别感兴趣。我们从网上搜索各种飞船发射返回的场景，浩爸还带着他去科技馆，聆听详细讲解。我也选了一本科普书《宇宙飞船与火箭》。同时，买来一整套飞船火箭的模型，浩仔每天一遍遍组装，一次次演示如何发射。就连我们跟浩仔说话，也开玩笑地把他骨折后胳膊上的绷带称为“整流罩”。一番下来，浩仔对飞船的升天过程倍儿清楚。

在生活中，我们找到他的各种兴趣点，帮助他进行深入探究。

就像一粒石子扔进湖面，泛起阵阵的涟漪，“天才事件”最终在时间中归于平静。6 岁多时，浩仔的围棋已经打过了业余二段。又有认识的专家朋友说：“6 岁的孩子打上二段的很少见啊，你这个孩子是神童。”凡此种种的夸奖，我都微微一笑应对。

他人喜欢拿概率说事，但对你的孩子而言，他可能成为任何概率中的一种，也可能是这概率以外的某种。孩子就像一粒种子，给他需要的土壤和养分，做好父母该做的，至于最后这粒种子长出来是苹果还是梨，那就是老天的事了。

等到小学三年级时，我们报名了北京八中超常班考试，测试结果依然是中等。

等到四年级时，浩仔再次报名裸考。测试结果要求智商 140 以上才能进入。这次测试，浩仔几项基本都是 120 或 130 左右。他没有达到超常儿童的标准，但也绝对不是之前中等及以下，达到了中等及以上的水准。

如果这些测试都精准的话，那更说明了后天教育的意义。孩子的智力水平是可以随着不断学习得到提升和改变的。

此番种种经历之后，我这颗老母亲的心变得更平静更平和了，继续保护孩子的求知欲，多途径让他在玩中进行体验式学习和探究。

他超级喜欢地铁。我们就从最北到最南，一遍遍地乘坐，一次次特意换乘，研究每一趟地铁线路，每站到达的时间、驾驶的速度。每次，我们都是一顿狂奔，跑到车头或车尾上车，以便可以观察速度表。

他爱上玩魔方，我们就找到相关视频，一起研究关键步骤，浩爸带着教会三阶之后，又购买了十几种不同类型的魔方，让他慢慢研究清楚。

他喜欢恐龙，我们就买来相关模型，观看恐龙化石，欣赏恐龙相关穹幕电影，购买恐龙相关书籍达几十本。我们还带着他一起去追星——写恐龙书籍的科普作家。

发现孩子的兴趣点，多种途径去强化和深化，让他在这个领域研究透彻。不是坐在书桌前做题，而是对感兴趣领域的深入的研究性学习。保护好孩子的求知欲和好奇心，让他在体验中学习，在实践中总结和探究。

“体验式学习”是教育学里的一个理论，也叫“经验学习”。儿童时刻都在学习着，在做中学、在玩中学、在观察中学、在交往中学，这是开发孩子大脑的最好的学习方式。同时，幼年时期的玩耍得到的乐趣也是在为以后的人生储备心理资源。

浩仔五年级时，参加了人大附中早培班的招生考试。他通过了多项测评，从两万多人中脱颖而出，最终成为一百多名录取者之一。我不觉得浩仔是天才，但他一定是具有较高的综合素养，一定是爱探究的终身学习者。

天才不常有，但每个孩子都有求知欲和探究欲，它们都珍贵无比，需要我们帮助强化和深入。

他明白这是一件必须去做的事情，哪怕不愿意去，想办法拖延时间，但就像爸爸妈妈要去上班一样，孩子也要去上幼儿园。

分离是一种成长
和孩子一起应对入园焦虑

浩仔即将上幼儿园了。在入园前几天，我就稍微有一些紧张。人生第一次完全脱离父母的视线，开始独自生活，不知道浩仔能否适应呢？

入园第一天，当家长送完孩子准备离去的时候，大部分孩子都哭了，浩仔没有哭闹。新的生活，他还比较适应。除了在吃饭上，因为家里和幼儿园的作息时间不太一致造成他到饭点就困，午饭吃得较少，需要时间调整一下，其他都很适应。

不过，浩仔非常会“看人下菜”。每天走到幼儿园大门口，他会哼哼唧唧要求当天送他的家长：“妈妈抱一会儿”“爷爷抱一会儿”，腻腻歪歪地拖延时间不愿意进班，但等老师过来，一把把他抱走，他立马就不哼唧了，乖乖进班。

他肯定是有分离焦虑的，内心也不愿意去幼儿园，但他明白这是一件必须去做的事情。哪怕不愿意，想办法拖延时间，他明白，就像爸爸妈妈要去上班一样，孩子也要去上幼儿园。浩仔的自控力和自制力是很强的，跟他的本性有关，也跟我们从小平等对待他，凡事跟他商量、讲道理有关系。

其实，从妈妈休完产假开始上班时，孩子就开始面临了和妈妈的分离。

我从不会偷偷摸摸悄悄地离开，而是很郑重地跟他告别，指着钟表的时针告诉他："宝贝，你看现在是早上八点，是妈妈上班的时间；等到时针指到六点，妈妈就下班了，就可以到家陪你了。你明白吗?"在一遍遍的重复中，虽然他不懂具体的意思，但他能感受到这是你的告别，知道你离开了还会回来，自然就不会过度焦虑。

浩仔之前上了这所幼儿园的亲子班，是家长带着孩子来园体验半天的课程。他已经提前对幼儿园的环境有所熟悉和了解了。

另外，入园之前，在过来人表姐的推荐下，我也带着浩仔提前阅读了绘本《汤姆上幼儿园》，告诉他这是汤姆上幼儿园的各种故事，你在幼儿园也会遇到喜欢的老师、同学、玩具的。在一次次的讲述中，降低他的焦虑，点燃他的憧憬。其实，就观察到的情况，我发现很多时候是家长也有"分离焦虑”，对孩子各种不放心，甚至在离开班级时有妈妈眼睛都红了。这种忧虑肯定会传染给孩子的，所以妈妈需要稍微控制一下情绪，高高兴兴地和孩子道别。

入园之后，浩仔在班里遇到了他很喜欢的一个小男孩，两个人每天回家都会念叨对方。当孩子有了牵挂的小伙伴时，去幼儿园就更有动力了。老师也反映，浩仔做什么事情都会跟她讲清楚道理，喜欢不喜欢都会告诉她原因。

不过可能还是因为有压力，而且不知道该怎么跟大人说，一天半夜，浩仔忽然就闹起来，一会儿要横着睡，一会儿要斜着睡，哭闹了半小时。我们问也问不出所以然，猜想他可能不知道如何释放压力，所以就哭着宣泄出来了。这也是孩子应该经历的一个成长过程吧，独自面对一个集体和生活环境，独自处理一些问题。肯定会有不适应和不愉快，但相信他会慢慢自我消化、自我调整，这是人的社会化的必然之路吧。不过，浩仔此后再也没有这种半夜哭闹的时候了。

入园两个月之后，浩仔就有了很大进步，生活自理能力变强了，能大口吃饭喝水，也能不挑食，把青菜都吃光了。看到他的人都说：“浩浩长高了！”可能和吃得多了有一些关系吧。

人也变得更活跃了。每天回家，他都会唱很多新学的儿歌。洗手的时候，会唱《洗手歌》:“湿湿手，擦肥皂，搓手心，搓手背……”高兴的时候，会声情并茂地拍手唱:“爸爸妈妈去上班，我上幼儿园，我不哭也不闹，问声老师好。”不过，虽然唱得很投入，但他每天早上还是会找各种理由不愿意去幼儿园。比如明明大晴天，他却说:“今天下雨了，我不去幼儿园了。”或者不讲理地说:“今天还是星期天，不去幼儿园。”

一天晚上，他知道周末结束了，于是问:“妈妈，明天周几啊?”我说:“明天周一了，爸爸妈妈上班，小朋友上幼儿园。”“那后天周几啊?”“周二。”“那大后天周几啊。”“周三。”“那大大后天呢?”“周四啊。”“那大大大后天呢?”“周五。”他终于有点儿晕了，问:“刚才说了几个大了啊?”我们都忍不住笑了起来，说:“三个了。”浩仔终于搞清楚了:“那大大大大后天才是周六。”哈，看把吾儿愁得，要在这么多“大”的天后才能到周末呢。

妈妈，那大大大大后天才是周六……

附：如何进心仪的幼儿园

关于如何进心仪的幼儿园，我总结了几点小经验，希望对其他妈妈略有帮助吧。

（1）起码提前一年准备。如果孩子明年入园，今年年底家长就要开始着手此事，多找几家幼儿园。对自己心仪的幼儿园，一定要电话咨询下。对方一般都会告诉你，等明年春节后再来电话询问或到时候上他们网站看招生信息。一般等到第二年三月左右都开始报名了，四五月开始面试。千万别错过了报名时间。

（2）选到心仪的幼儿园，最好能上它的亲子班。问明对方的亲子班的时间，带孩子提前熟悉园里的情况。亲子班一般是每天上半天，也能减缓分离焦虑。

（3）去幼儿园考察，对校园环境有一个了解。同时，如果能和幼儿园里的老师或已上幼儿园的孩子家长有交流和沟通更好，能更深入地了解幼儿园的情况。

（4）入园一般都会安排面试，可提前准备下。问题都很简单，认识颜色，唱个歌，跳一跳之类的。家长可提前训练下。

CHAPTER 4 · 第四章

成长型父母之
孩子成长的观察者和助力者
（4～6岁）

步入4～6岁，孩子的生命将进一步蓬勃发展，迎来阅读的敏感期、数学和空间关系的敏感期、人际交往敏感期，等等，还将在6岁左右开始他们的第二个叛逆期。

当孩子入园，开始走进一种社会评价体系之中，家长要将一颗玻璃心、攀比心、得失心都摒弃，尊重孩子的自主性，满足他们强烈的求知欲，发掘他们的自我特质。

通过孩子的言行举止，“望闻问切”来观察孩子的状态。可以在孩子最放松的时候，来一个闲聊时光，听听孩子真实的心声。

多种途径
了解孩子在园的状态

“老师怎么还不发幼儿园活动照片呢？”“咦，照片里怎么没有我家孩子啊！”家有入园娃，父母的常态就是守着手机，想第一时间了解孩子在园状态。

我们也不能免俗。周末，浩爸想问问浩仔的幼儿园生活，但浩仔不太愿意说，一会说要不就说上午吧，一会说要不说下午吧。

浩爸想了个办法，按条理来问，这样逻辑思维强的浩仔就有兴趣了。

浩爸说：“我们从一开始一件一件说吧。”浩仔果然同意了，并且说：“先从零开始吧。爷爷把浩浩送到幼儿园就是第零步。”“第一步呢？”“第一步是张老师接浩浩，第二步是小便，第三步是洗手，第四步是吃早饭，第五步是进区。”“什么叫进区？是去外面游戏区玩吗？”“不是，是教室里放玩具的地方和看书的地方。”“第六步做游戏，第七步喝水……”

我静静地听着他们的对话，不敢打扰。因为觉得要把一天做的事情说清楚，对一个 3 岁的孩子来说并非一件易事。结果，浩仔共说了 37 步，将一天做的事都说清楚了。

这是爸爸的方法，而我更善于察言观色，从孩子的言行举止来看他的状态。比如，浩仔说话的模式变得很“老师腔”。常说：“来，妈妈，我来教你吧，应该是这样的。”“对了，这样做就对了。”“来，你跟着我说……”这些话肯定是老师常说，孩子们模仿出来的。

要有一个固定的闲谈时间，以便及时了解孩子的状态。临睡前的闲聊时光最合适了。我能从他的言语中，掌握大量信息。

“妈妈，我们班姓最多的是李，有……（说了七八个孩子的名字）”然后，又聊到别的姓的小朋友。

接着，浩仔说起来单独交流的小朋友们。

“李某某，他和我聊的 CS，只不过我是在张家口树林里看到的，他是在北京看到的。”看来小朋友们交流的内容还挺丰富啊。

“某某、某某和我，我们一块工作，一块建轨道，我们是主要力量。其他的小朋友，我们都拒绝，因为他们建得和我们不一样。”

“我们班有一个著名的人物某某，他玩这些玩得特别好，什么都会玩，但他有一个问题，就是不爱说话。”

看来，浩仔已经和小朋友都混熟了。在幼儿园这个小群体，他与小伙伴们交流沟通，互助合作，还有对他人的评判能力都发展得还不错。

在元旦联欢会上，我们亲眼看到了浩仔的状态。表演时，浩仔是规规矩矩的、落落大方的，一个节目结束后，他就满场地跑；主持表演结束时，浩仔还在地上玩起了爬。我问他，他说：“我在扮演小乌龟呢。”从这些可以看出，浩仔的状态是十分放松而自由的，他内心是有充足的安全感的。这让人很欣慰。

附：幼儿园的多种后遗症总结，供家长借鉴

（1）平均一个月感冒一次。几乎每个月都有一个星期是在家养病的。可能是小朋友交叉感染也可能是老师照顾不周导致感冒。若孩子有状况，可及早在家休息。

（2）大便一定要在家拉，绝不在幼儿园拉。很多次，爷爷接浩仔回家，浩仔都催促着：“爷爷快回家，我要回家拉。”问他为什

么不在幼儿园大便，他说：“在家拉舒服。”和他们班月月妈妈交流，月月妈妈说：“月月每次回家第一件事就是说我要拉，她不在幼儿园拉。她说老师说她拉得臭……”可能孩子们心里还是不那么放松的。

有一天，浩妈接浩仔放学，刚一出幼儿园大门，他就着急要小便，似乎憋了一段时间了。浩妈对此十分生气。这不是一件小事，这说明他很害怕老师，不敢表达自己正当的需求。

“你怎么不在幼儿园尿完了再出来呢？”

“可马上就要排队走了，我怕老师不等我啊。”

“但憋尿容易憋坏身体。你这是正当的需求，而且尿尿用不了一分钟，不会太耽误老师的时间的。如果你下次着急想尿，就跟老师说，老师会等你的。要学会向老师求助，在老师帮你后要向老师表示感谢。”

“那是不是尿尿可以跟老师说，拉粑粑就不跟老师说了吧。因为拉粑粑的时间长啊。”爱思考的浩仔又说出了他的担心。

“拉粑粑那就看情况吧。如果要放学了，你又很着急要拉，还是要跟老师说啊，会留一个老师看着你的，其他老师可以带别的小朋友先出来；如果你不是特别急，也可以出来后我们赶紧回家拉。”

浩仔觉得妈妈讲得有道理，没再提出异议。这可能是一件很小的事，但家长一定要留心，而且要这样不断强化，长此以往孩子一定会敢于自我表达的。

（3）夜间尿频。自从 9 月入园后，浩仔有两个月都夜间尿频，每次都只尿一点。浩爸浩妈分析可能和换季有关系，但更可能是他入园后精神紧张，导致神经性尿频。如果家长不刻意提醒他，过段时间就没问题了。浩仔现在就很正常了，可能心理上已经适应了。

（4）儿歌控。洗手要唱洗手歌，吃饭要唱吃饭歌。动不动就边唱边表演，“小兔子走路蹦蹦跳啊”“小手爬啊爬啊爬到头顶上”。几乎过两天就学会一首新歌，可能这是在幼儿园让他印象最深的，所以他记得很牢也很愿意在家唱。

（5）在家做事都想一口气做完。比如，看《巴布工程师》，规定一天就看两集，他看完后说：“浩要今天都看完！”“不是说好一天只看两集的吗？明天再看啊。”“明天就要上幼儿园了！”说这句话时他的语气是加重的。仿佛去了幼儿园就不能回来了，要在家把事情都弄完。等你提醒他“那你从幼儿园回家后还可以再看嘛！”他才醒悟过来，答应了。等过会儿，他想吃东西了，也要一次全吃完，让明天再吃，他又说：“明天就要上幼儿园了！”看看，在他小小的心里觉得上幼儿园就意味着失去自由，不能自由看片，不能自由吃东西，仿佛是箍在他头上的紧箍咒。

（6）养成了良好的生活规律。每天早上七点左右，浩仔就会自己醒过来。有一次，浩爸浩妈睡过头了，迷糊中听见浩仔说：“妈妈，是不是时间到了啊？”浩妈起来一看果然是到点了，赶紧给他穿衣，去幼儿园。

（7）一到周五就异常兴奋。每到周五他就明白，第二天一早就不上学了，特别兴奋，表现得很活跃，而且怎么都不愿入睡。有几次都躺床上提要求："我要去爷爷奶奶那屋睡。"等浩爸把他抱过去，爷爷就又给他讲故事，讲到十点多了，他还没有睡意。最后还是被浩爸抱回来，他才入睡。或许这个小插曲就是他的小放松吧，跟大人上了一周班想休闲一下一样。

每个孩子都是独一无二的，都是有他的特质和优点的。家长千万别只盯着问题，而将这些闪光点抹杀掉。

善于看到孩子的闪光点
问题的另一面没准是优点

那天，在办公室里接到了一个焦虑的读者妈妈来电。

“我的大女儿简直是一无是处，一点优点都没有，什么事都跟我对着干，什么都要求和5岁的妹妹一样。也不知道是不是因为到了青春期，我实在是拿她没办法了。我气不过，有时候就冲她大吼，说我不要你了，你走吧……”

等她对女儿的控诉完毕，我也开始对她进行了“控诉”。

“第一，如果你14岁的女儿听了你的这些话，真的离家出走了。你再也找不到她了，你会后悔吗？第二，这些气话和狠话，除了让你发泄了当时的情绪外，还得到了什么？得到的只是让你的女儿离你越来越远，对吗？第三，作为40岁的成年人，你尚且无法控制自己的情绪，你的女儿又怎么可能一下子变成你想要的那个样子呢？第四，遇到事情，不要总想着都是孩子的问题，想一想你在这个事情中是否存在问题。孩子的问题都是家长的问题。第五，我不相信孩子一无是处，请你找到女儿的优点，每天对她的优点进行表扬，而不是批评和指责，让她感觉到你的爱，好吗？第六，多组织一些姐妹之间或全家一起的活动，慢慢培养起她照顾妹妹的责任感来。她的抗议只是因为感受不到父母的爱，如果父母给了她足够的爱，相信她会成为一个好姐姐的。"

电话那头的妈妈沉默了片刻，终于说道："你说得有道理，我试一下。"

最近总是听到一些妈妈在抱怨孩子的种种问题，可是从她们的描述里我却分明看到了孩子另外一方面的闪光点，只可惜妈妈们都只盯着问题，而忽视了这个闪光点。

教育孩子，也是"扬长避短"的过程。家长需要捕捉到孩子们身上的闪光点，悉心将它打磨成属于孩子一生的"财富"。相信每个孩子都是独一无二的，都是有他的特质和优点的。家长千万别只盯着问题，将这些抹杀掉。如果你看到的只是问题，就要自我检讨一下：是不是我对孩子要求太高了？我对这个问题如此在意和敏感，是不是因为我小时候在这方面比较受挫？我要求孩子的这些，扪心而问我自己能做到吗？

对于浩仔，我充满了欣赏和感动，十分感谢他让我见证了生命的奇妙。随着不断成长，浩仔的闪光点也不断闪现。

他越来越勇敢。之前，他被别人打而不还手，进行了教育后，通过家长开放日的表现，我们看到浩仔进步了。那天，浩仔和最好的朋友一起在积木区玩，玩着玩着，两个人争起一个东西来。对方急得要动手了，但浩仔不放手，将积木块放在身上，坚定地说："这是我先拿的。"

五一时，我们带浩仔去汽车博物馆玩。一个项目前，有一个排在浩仔身后的大孩子抢着操作。带浩仔玩的姑姑说："我们先来的，你等会，别抢。"浩仔也扭回头去说："我先来的，你再等等。"

一个孩子首先要学会的就是表达自己，敢于在"强权"面前坚持自己的正当要求。很多人觉得浩仔太老实，但我明白他只是善于遵守规则。很多时候他也是敢于表达自己，敢于坚持的。

他的自我管理能力不断提高。以往浩仔每天是 6 点 50 起床，因为时间比较紧，讲故事来不及，而他又一再要求，为此哭闹过。我和他协商了一下，将两个故事变成一个故事，这样时间还是来得及的。果然，哭闹没有了，但浩仔似乎觉得故事还不够。为此，他自己要求，起床时间变成 6 点，这样他有多余的时间来看书，还能玩一会儿围棋。虽然我们还是想让他多睡一会儿，但自从浩仔做了这个决定之后，就真的是到6点就起床，因为他心里惦记着玩。他懂得为了自己想要做的事做出安排，所以我们没有反对。**从这种“个性倔强”背后，看到的是“自我管理能力”。看，父母要学会看到孩子表象背后的动机和心理需求。**

随着浩仔的成长，越来越觉得除了欣赏孩子、感受他带来的惊喜之外，还有一点很重要，就是明白教育孩子是一个遇到问题解决问题的过程。孩子成长之中问题不断，家长要勇于面对，勇于去解决。抛弃幻想“我想要的是一个什么什么样的孩子”，而是面对现实——看到孩子的特质，我该怎么去帮助孩子更好地成为自己。

“画不好画多大一点儿事儿呢！”有时候，对家长来说，只是一件小事，但对孩子来说，可能是天大的事。所以，父母一定要重视，帮孩子解决掉他的焦虑和不安。

突发意外状况后
第一次抗拒去幼儿园

浩仔对幼儿园并不抗拒，直到小班时发生了一个意外事故。他被别的小朋友从滑梯上推下来，导致胳膊轻微骨折，在家休息了半年。

等到他再入园，直接升入中班。他要面对三位新老师，而班主任老师又比较严厉，于是每天早上都不太乐意去。

一天早上，浩仔一起床竟然开始掉眼泪，向妈妈要纸擦眼泪。我不得不用玩笑的方式来缓解他的情绪：“浩仔，你哭一次呢，就要脱掉纸娃娃的一层衣服。比如吧，它一共就一百件衣服，你脱几次就要给脱光了。它要是会说话，一定要说‘你别哭了，再哭就把我的衣服脱光啦’或者是‘你再哭，我也哭了啊，我自己把衣服脱光’。”

浩仔是比较有爱心的孩子，听完后果然停止哭泣，想了下，将一张纸的 3 层细细揭开，一一铺开，然后接着哭，再用薄薄的纸擦眼泪。

我……我只好把他搂住，问他不愿意去幼儿园的具体原因。

“妈妈，我怕我画画不好。”之前，我们从没给浩仔报过绘画班，也没特意在这方面培养过。因为觉得浩仔思维比较偏理性，想象力稍欠，如果没有遇到合适的绘画老师，会更扼杀想象力。

进入中班之后，美术项目比较多。这成了浩仔的心病，因为他要求自己什么都做到最好。对于完美主义的孩子来说，任何一方面的不完美，都会给他带来巨大的困扰。

于是，每天早上上学 15 分钟的路程，便成了妈妈的讲道理时间。

“你不去了，画画就能变好吗？就像是面前有一座山，你害怕了绕开了，山不是还在那里嘛。”

“每个人都有他的优点和缺点。像你，你的英语挺好的啊，这是你的优点。所以，别的小朋友画画好也是他的优点。就像人的 5 根手指头，有长有短。如果都像大拇指那么短或者都像中指那么长，那还叫手吗？”我边说边比画。

给孩子讲道理就是这样的：先说理，然后再用他能理解的故事或形象化的比喻来论证。

“而且，画画是一个很主观的事情，可能这个人觉得画的不好，另一个人觉得画的好。它不像数学那样有一个标准的答案。所以，即使老师说你画的不好，也不用太在意。”但浩仔对此似乎不太认同，他还不能理解这些，在孩子的眼中，老师就是权威，老师说画的一般就是一般。

我又结合自己的经历现身说教：“妈妈在小学一年级的时候，拼音就考二三十分，后来很努力也只能考个七八十分，似乎从没满分过。但我已经努力了，所以照样开开心心啊。所以你也别有压力，只要你尽力去画了，就行了。”

结果浩仔回应道：“可我就是有压力啊。因为浩浩就是一个想什么都好的孩子啊。他就是这样一个孩子。”嗯，妈妈认同你的观点，你确实就是这样的孩子。

这些道理都是反反复复地讲，浩仔还是听进去一些，但每天还是会哭哭啼啼一会儿。

我将从编辑的稿子里看到的故事讲给浩仔听，那是一个比较让人沉重的故事，大意如下：有几个高三的哥哥，为了好玩或者为了显示自己的个性，在高考的时候故意考零分，结果其他同学都上了大学，他们没有考上。十年之后，有一个故意考零分的男孩说：“当时，怎么没有人来告诉我这样做不对呢！如果当时有人劝阻我，我的今天一定不是这样的！”

“浩仔，如果我今天同意你因为画不好画就不去幼儿园，等你长大了也会这样怪妈妈的。”

浩仔有所触动地问：“嗯，那个哥哥都十六七岁了，他为什么还不明白啊！”“是啊，一个人在没到18岁之前，在还没有成年的时候，很多道理都还是不懂的，还是需要先听听家长的意见。”

总之，浩妈负责用各种方式来讲道理。然后，浩爸负责实施一些“提高绘画水平”的方法。比如，老师要求画得大一点，而浩仔画的太集中。浩爸教浩仔如何布局画面，分成几个部分，每部分占多大比例。绘画颜色上，浩仔比较喜欢蓝色和黑色，但幼儿园希望孩子画的鲜艳一些，浩爸指导浩仔也用一些鲜艳的颜色来画。最后，我们商量了一下，可以先从模仿开始，从网上找到一些不错的画打印出来，然后浩仔先仿照画。如此下来，浩仔画画也得到了老师的表扬。

当然，老师的评判标准还是画的像不像，其实我们也不太认同这个理念。但因为我们不指望孩子成为画家，相对而言老师的评判对孩子的影响更大，所以我们还是配合孩子，让孩子在这方面“标准化”。

多管齐下，问题解决了，浩仔再没提不想去幼儿园的事。

“画不好画多大一点儿事儿呢！”有时候，对家长来说，这些都只是一件小事，但对于孩子来说，可能是天大的事。所以，父母一定要重视，帮孩子解决他的焦虑和不安。

1.

2.

4～6岁的儿童，因为成长需要与外界接触增多，也是最适合实施社会化教育的时期。逐步社会化，不仅可以帮助孩子形成完善的人格，而且会让孩子在未来的人际交往和社会行为上更受欢迎。

养育上的“保护化”成长中的“社会化”

从孩子身上，一步步见证生命的奇妙。

5岁的浩仔像一颗小种子一样，蓬勃地生长着。这颗小种子内心饱满，富有力量。这种力量和能量体现在方方面面，如，快乐的情绪、对世界的好奇与求知、对自我的构建和认同、对他人的体恤和关爱。

我们真的是给予孩子巨大的自由发展空间。但因为儿童年龄、经验、经历所限，在一些原则性问题上，还是需要父母来引导，我们绝不是完全地放任不管。

在我们家，特别强调在养育方面的“保护化”和成长方面的“社会化”。

在食品安全、身体安全、语言环境安全方面，我们都是给浩仔一个封闭的保护空间。

饮食上，五年来，浩仔没喝过可乐等碳酸饮料，出门基本喝白开水，零食也吃得很少。

我们会让他自己去数食品上的添加剂的数量。有一段时间，爷爷突然给他买了一种很流行的饮料。浩妈心里不太“爽”：难道爷爷不知道这些没有营养吗？但不好对爷爷发作，就让浩仔自己数了一下，里面有 12 种添加剂。浩仔自己也觉得太多了点，当下就保证：“妈妈，我以后不再买了。”

对于儿童而言，一定要给他最有营养的食物，而且一个人成年之后，最回味的就是儿时美味了，为何不给他的味蕾打下一个好的底子呢？

身体安全方面，就是我们一直坚持的，不到万不得已，一定不打针，生病了尽量少吃药。前提是多运动多锻炼，先增强抵抗力，打好身体底子。

给孩子营造一个良好的语言环境。绝不当孩子面吵架，不在孩子面前说脏话。有一次，浩爸没控制住，因为对某事有情绪，很“男人”地说了一句：“我……”结果坐一边玩的浩仔，也鹦鹉学舌地跟着说了一遍。浩爸浩妈当下就愣了，对视了一下，果断地开始转移到新的话题。因为没有再提及此事，浩仔也对此无多深印象，也没有“不幸”学会骂人。

但这件事确实给了我们警醒，父母的言行是孩子的一面镜子。

给孩子一个好身体和好的家庭环境，这是我们需要维护的，但个人发展和成长方面，我们一直是实行“社会化”的“现实主义的教育”：不会对他过度保护和溺爱，让他多接触社会，养成平等对待他人、客观地看待世界的态度。

4 ～ 6 岁的儿童，因为成长需要与外界接触增多，也是最适合实施社会化教育的时期。

如今很多家长过度关注知识和技能的学习，从小就让孩子上早教机构，练习精细动作、开发左右脑之类的。而品格和意志方面的影响深远的非智力因素，却没有得到家长足够的重视。在日常生活中，要注意培养这些好品质，如懂得分享、助人为乐、懂礼仪、坚强韧性、有辨别力，等等。

社会热点和新闻等，我们都会带着浩仔一起了解。如神舟九号飞天、灾区情况等，让孩子对生活有更深刻的了解，和世界有更多的链接。

社会隐患我们也不会刻意对浩仔隐瞒。在报纸上看到一则令人痛心的新闻：一个 3 岁的小女孩，因为对方骗她说“我带你去吃好吃的”，便跟着走了，结果被拐卖。我把上面写的“我带你去吃好吃的”“我给你好玩的”，指给浩仔看，让他念出来。然后，和他反复模拟，遇到这样的情况该怎么办。

当然，对小孩子来说，更多地要为他寻找“社会榜样”。

林书豪的故事就很适合浩仔。浩仔之前特别怕输，浩妈就借机讲了林书豪的故事：3 岁时，林书豪就爱上了篮球。但直到高中时，他的身高才 160 厘米，根本就无法进入篮球队。他忍受了很多的嘲讽，但没有放弃热爱，坚持打篮球，妈妈也坚持给他补充营养，最后终于长高，变成篮球名将，还考上了哈佛大学。这个故事对当时的浩仔有很大影响，他会经常转述给爷爷："爷爷，我给你讲讲林书豪的故事啊……"

用他人的真实的故事来激励或影响孩子，是一个很好的办法。孩子会更容易有共鸣和共情。

关于家庭内部的现实问题，我们也会讲给浩仔听。比如，因为家里有 4 个大人，每个人的观点都不同，养育孩子时分歧肯定是有的。爸爸妈妈会跟浩仔探讨，爷爷奶奶是怎么想的，他们为什么会这样做，你应该怎么做。当然，现在基本上 4 个人都会达成共识：父母是主要教育者，爷爷奶奶只是辅助的养育者。

家长的榜样和引导非常重要，孩子能从爸爸妈妈那里学到行为准则和价值规范。父母为人是积极向上的，还是颓废消沉的；遇事是沉着冷静，还是焦虑抓狂。孩子会逐渐把父母榜样的形象内化，变成自己的一套行为准则，形成认同和归属感。

要让孩子看到父母的认真和努力。

我经常带浩仔来单位玩，让他明白上班是怎么一回事，也会把发表的文章指出来给他看，把自己当下经历的事分享给他，如交规很“努力”地考了96分，学车的时候也很紧张之类的。

让孩子了解父母都在做些什么事，让孩子看到你的努力。在你失落的时候，孩子也会反过来安慰你。有一次，浩妈无意说了句：“写文章没什么用。”浩仔马上接了一句：“写文章很重要啊，这是妈妈的工作，这样才能给浩仔和长颈鹿（手机里的游戏）买草莓啊。”浩仔已经明白了工作的重要性。无论谁送浩仔东西，我也都会告诉他，这是某某阿姨送的，你下次见到她要记得说谢谢哟。

有几天奶奶有点儿不舒服，我们都没注意到。结果浩仔吃完早饭后，径直走过去突然问道：“奶奶，你的病好点了没？”“好点了啊，那你要多休息。”他又继续玩自己的去了。这样被孩子惦记，爷爷奶奶即使付出再多，恐怕也无怨无悔。

以好的身体和健康的家庭氛围来奠基，引领孩子走向外部，逐步社会化。让他了解真实的社会，学会辨别，拥有积极向上的人生态度；帮他寻找社会中榜样的力量，也从父母身上见到努力的模样；教他懂得关爱他人，愿意分享，最终拥有好的人格品行和人际关系。

培养孩子的自主意识，在能力范围之内的事情，都由他自己去探索、做决定并负责。同时，教会他要尊重别人的自主，不能伤害到他人，不能不守社会规则和秩序。

强大的自主意识
让孩子受用终生

周末是我们的家庭日，基本以郊外活动为主。某个周六，我们顶着高温带浩仔去爬百望山。

下山时，浩仔一顿猛跑。我提醒道："这段石子路不平，容易摔跤，你别跑了吧。"浩仔没有听，结果下坡速度太快，果真摔倒了。手臂，膝盖都破皮流血了。

看着他身上6处血痕，我又心疼又气，忍不住说道："儿子，你能否听听爸妈的话，别跑那么猛！"浩仔忍住疼痛的嘘嘘声，脱口而出道："妈妈，等我把所有的错都犯光，把所有的跤都摔完，我再来听你的话。"如果不是亲耳听见，我不会相信这番话是出自一个不到6岁的孩子之口。

为他清理伤口时，我还是没忍住，第二次劝道："儿子，你看你多难受啊，以后稍微听听父母的话，行不行？"他这次想了想，回答道：“妈妈，那要看你说的是对的，还是错的啊。”这一刻，我真的是服了，被小伙子强大的自我所征服和感动了。

其实，最近越来越感觉6岁的浩仔“难于管教”了，因为他的很多事情都要靠自己去体验和经历。在和浩仔不断辩理中，自然会有觉得家长权威受到挑战而生气的时候。

私下和浩爸探讨，他微微一笑：“这不是你长久以来民主化教育的结果吗？你不是最在意他的自主意识吗？”我们对视一笑，确实如此。

在浩仔的成长过程中，我们特别重视让孩子能勇于表达自己的意愿。一直觉得浩仔是那种虽然不内向但内敛的孩子。但没有想到，他十分外向和活跃。

记得幼儿园小班第一次联欢会上，老师问：“谁愿意表演节目啊？”小朋友都不回答，他站到前面，说：“我愿意！”联欢会结束前，班主任老师表扬家长的配合，给幼儿园送来气球拉花之类的。说了几个家长的名字后，浩仔赶紧补充道：“还有浩浩的爷爷！”老师过来摸着他的头，说：“对。”然后老师继续表扬别的家长，刚说了两个名字，浩仔又站起来说：“还有浩仔的家长！”我们哑然失笑，看见老师很无奈地再次抚摸了他的头一下。

原本还有些担心，不知道这个小小的人儿在远离父母的视线时会是什么样的状态。现在完全放心了，浩仔能如此表达自己的想法，说明他和老师的关系是融洽的，也说明了他已经养成了自主表达的习惯。

从小，浩仔能力范围之内的事情都可以由他自己做决定。比如，买什么书、去哪里玩等。

浩仔小时候碰到什么事物，想过去看又不敢的时候，浩妈都会告诉他："妈妈会陪着你去看，但你要自己跟人家说；或者妈妈就站在这看着，你自己过去。"浩仔吃饭时，会让他自己点喜欢的菜；浩仔选玩具时，会让他自己选。

从 4 岁多开始，浩仔就会自己看北京地图，查找每周想去的郊区。选择去哪个区哪个景点、路线如何规划、时间如何安排，这些都是他自己决策，我们跟着走就行。有时候，明知某个地方可能不太好玩，我们也会跟着他走。

从生活的细小事情之中，让他自己去辨别、挑选、探索，一些看似细微，但都有孩子独立的思考在其中。

自主性也包括对自己的决定负责。

比如选择了去某个地方玩，那如何保证下午的午觉时间？我们告诉浩仔路上大概需要的时间，他就必须安排和保证几点吃午饭、几点返回。当然，因为很多事情都是由浩仔自己做决定，一个人对自己做出的决定，大部分还是甘愿去执行的。

另外，自主意识不等于为所欲为，你的自主不能伤害到他人，不能不守社会规则和秩序。

我们一直教导浩仔：你对自己的事情负责，别人对别人的事情负责。你获得了尊重和民主，你也要尊重别人的民主和自由，用“同理心”来对待他人。

浩仔是一个自我要求较高的小孩，相应地，他也会对别人有很多要求。让他学会尊重别人的想法和感受，也很重要。

比如，我很怕毛毛虫，浩仔就会要求道：“妈妈，真的很有意思啊，你勇敢一点吧。”但我真的受不了：“没办法，妈妈对毛毛虫真的过敏，一看见就发毛。就像你一看见狗就害怕一样，请你尊重一下我的感受。妈妈可以在别的方面和你一起勇敢。”浩仔就不会再纠缠，高兴地去和爸爸蹲下来观察毛毛虫。

真正的自主是享有自己的自由和选择，同时尊重别人的自由和选择。

时代高速发展，如今的父母不可能像几十年前的父母那样，可以判断孩子未来到底需要什么能力、从事什么职业。为什么不把孩子培养成一个观察敏锐、善于判断、具备独立的意志和自主能力的人呢？其实，只要父母不抹杀，孩子天生就有这个能力。

父母的激烈冲突，对孩子伤害最大，他可能会用各种“问题”来表达内心的不安和愤怒。好孩子突然变“坏”，就是他发出的求助信号。

父母教育理念需一致
妈妈情绪转嫁最伤孩子

4岁多的时候，有一段时间浩仔的脾气明显变得很急躁，生气了会跺脚撒泼。这些表现，曾让我大失所望，也苦恼不已：我的最懂事最可爱的孩子，怎么也会如此不讲理，如此不可理喻？到底是哪里出了问题？

围棋集训两周之后，再送他去幼儿园时，他走到班级门口，一看到班主任王老师就躲到了我身后，然后眼泪就掉了下来，似乎在说：“我不舒服，我要回家。”细心的王老师发现了，她问浩仔：“是不是因为老师上次排练的时候批评你了，你不高兴，所以不愿意来？”浩仔点头承认了，后来在老师的安抚之下，他同意留下来。王老师和我私下沟通了一下：其实也没批评他，但可能因为平常都是夸他，所以浩仔没有办法接受批评，心理承受能力不够。当时，我也是觉得，这事儿都已经过去两个多星期了，浩仔还念念不忘，说明他真的不太想得开啊，心胸不够开阔。

当天，因为王老师又跟浩仔沟通了，解开了浩仔的心结。等下午我接他的时候，浩仔已经高兴起来，说："没事了。"但到家后，我和浩仔聊天时，浩仔还是比较"记仇"地说起了另一个老师："我不再喜欢李老师，以前是以前，现在我才知道她是这样的。""哼！"

当时，我虽然没有发表什么评论，但心里还是有小小的失落，小孩子这么记仇呢？

过了几天，我再回头想这件事时，觉得还是因为自己不够了解孩子，而给浩仔贴上了一个不好的标签。想想看，对于 4 岁的小孩子来说，除了父母家人，影响力最大的就是老师了，如果碰到严格的老师，确实会对他们心理造成影响。而浩仔是个特别要求讲道理的孩子，如因为一点小事就数落并且让他罚站，他内心肯定是不服气的。用他自己的话说："我不知道哪里做错了，你去问李老师好了。"小孩子是不会掩饰情感的，而浩仔更是善于用言语表达他的情感。他能坚持自己，能表达自己，对此，我应该觉得高兴才对。而当时的我却只关注到了——他承受能力怎么如此差？他怎么变得如此不讲理？没有站到孩子的立场来看待他的行为。

而再仔细反省，在当月浩仔所谓的"叛逆"背后，也受

到父母的影响。

不知是否受年底工作太忙碌的影响，我的情绪波动比较大，自控能力差了点。浩爸也是因为年底应酬比较多，经常晚归，让我觉得他不顾家。于是，某晚我和浩爸甚至还当着浩仔的面，爆发了一场大的争吵。这在之前从没有过。

如此一来，敏感的浩仔怎么会不受影响呢？而受影响最直接的表现，就是外在的“暴力”形式了，语言上的或行动上的，比如老爱说“不喜欢爸爸”。可惜我没有及时检讨自己，没有及时了解孩子的情绪变化，反而还在疑惑好孩子怎么变成这样了呢？

我真诚地向浩仔道了歉。同时和浩爸一起进行了自我反省，做出了一些相应的策略。比如，我们绝不当着浩仔的面直接吵架，绝不当着他的面说对方的“坏话”，浩爸也保证每周晚上的应酬尽量不超过三次。有一次，因为对浩爸的某事做法有看法，我虽然嘴里没说什么，但脸上还是表露出不高兴之意，结果浩仔一看，立马说道：“哼，我就不喜欢爸爸。”孩子是无比敏感的，看来以后要减少对浩爸的不满，少生闲气啊。

教育者，特别是主要教育者父母，教育理念最好一致。春节期间去一个朋友家玩，他们夫妻的观点就是让孩子玩，什么都不用学。这些理念，我并不认同。但他们夫妻俩的教育理念极其一致，彼此都十分认同，尽管遭到了双方父母的反对，仍然坚持。这很值得学习。

我和浩爸经常有争论，但最后总会有一个人屈服，因为必须达成一致，不然孩子就会感到矛盾。

两个都比较有自己的教育想法的人，需要尽量协调做到一致。我和浩爸也协商好：**当教育孩子出现分歧或不认可对方的做法时，谁先开始的就由他先将孩子教育完毕。不认同的一方先暂时保持沉默或离开。绝不当着孩子的面起争执，和对方的教育理念唱反调“你这样做不对！”等对方教育完孩子后，俩人再私下深入交流，看看下次孩子出现类似情况，到底怎么解决比较合适。**

过了一个多月后，我发现浩仔又开始慢慢回归为“温良”的孩子。这件事对我触动很大。孩子的问题背后可能是家长教养方式出了差错，需要家长自我改正。而妈妈更需要懂得控制情绪，因为孩子觉得和你是“一体”的。

用《正面管教》一书里的那句话与大家共勉：一个行为不良的孩子背后，是一颗正在丧失自信的心。每个孩子都在追求归属感，当他找不到归属感的时候，自然就会用不好的行为来吸引你的注意或对你“报复”。

妈妈，我和毛毛、洋洋，我们几个天天放学去公园
小山上玩儿，我们都是山的 VIP

神奇的故事，能化解孩子的任性，是一种很好的说理方式，也能激发孩子的想象，为孩子增加心理能量。

神奇的故事
带给孩子改变的魔法

自编童话小故事——我们不一样，我们都很棒！

与“可怕的两岁”，但却很可爱的第一个叛逆期不同，浩仔6岁时进入第二个叛逆期时，一些表现却让人有那么些无奈。

六一儿童节的前一天，我带6岁的浩仔参加一个活动，中午回家稍晚。浩仔有一些闹午觉，发起了小脾气：“妈妈，你的拖鞋要按这样摆好！”“妈妈，你睡觉不能这样把手放到被子外面，你必须把手放进被子里睡！”

我回道：“浩同学，除了一些原则性的东西是每个人必须遵守的，如交通规则红灯停绿灯行等，其他的如生活习惯等都是因人而异，每个人都有自己的标准，是没有对错之分的。”

但说理似乎无用，浩仔依然闹着："必须听我的，我说的都是对的！"

等他闹完睡着了，我却怎么都睡不着，发起愁来：浩仔快6岁了，随着第二个叛逆期的到来，他的自我意识变得更强烈，特别爱说"我就是对的，必须听我的！"在这样的情况下，该如何来引导他呢？

我思考了一下，小朋友们爱这样说，有以下原因：第一，他有自己的道理，按自己的经验和感受来判断自己是对的，所以很坚持。第二，他不管有没道理都想要"你听我的"，说白了，就是想由此来"控制你"。

怎么样才能让他既懂得坚持自我，又不去控制他人呢？直白地讲大道理似乎效果不明显，我头脑中灵光一闪，用故事来说理吧。

等浩仔醒来时，我的故事已经成型：

从前，有三个好朋友：小蚂蚁、小人儿和大象。他们一起在散步。

小蚂蚁迈出自己最大的一步，自豪地说道："小人儿和大象，你们必须像我这样，迈这么大的步子。"结果，小人儿轻轻一迈，就比小蚂蚁远几十倍。而大象迈出的更是小人儿的好几倍。原来自己的一大步，远不如别人的一小步。小蚂蚁才明白，自己的标准并不适合别人，于是他们按各自的速度前进。小人儿和大象走得远时，就会停下来等等小蚂蚁。

当小蚂蚁想体验飞速前进的感觉时，就可以躺在小人儿的手心里，跟着小人儿快速前进。当小人儿累了或者也想体验加速前进的感觉时，他就带着小蚂蚁一起骑在大象背上，跟随大象奔跑。这样一来，他们既可以按自己的节奏跑，也可以在别人的帮助下体验不同的速度，每一种都不错。

浩仔听得很入神，小男孩的本性冒了出来：那万一，小人儿想踩死蚂蚁呢？

我继续编道：

小人儿如果想踩死小蚂蚁，是不是就觉得自己比蚂蚁强壮许多，所以可以随便欺负小蚂蚁？按这个道理，大象比小人儿强大得多，是不是也能随便踩小人儿呢？

浩仔听完咯咯笑起来。

故事还没结束，我继续道：

可不要小瞧任何一个人哟。你知道吗？小蚂蚁虽然很小但很了不起，它是大力士呢。小蚂蚁个头小，但它能背得动比自己重几倍甚至十几倍的东西，比如一个大米粒；但一个100 斤的人，却背不起 1000 斤的东西；而一头大象如果重一吨的话，那它估计也很难驮起 10 吨重的东西来。所以不要随便欺负看起来弱小的蚂蚁哟。当然，可能蚂蚁会因此觉得自己很厉害，于是想和大象 PK 一下。它悄悄躲在角落里，伸出一条腿来想绊倒大象，结果它的腿太细太小，像一粒小灰尘，大象根本就没看到，直接迈过“十万八千里”远，小蚂蚁这才羞愧不已。虽然我们都不同，但谁都不能随便小看或欺负对方啊。

因为这三个形象差距很大，我又使用了很夸张的语气，浩仔对这个故事很接纳。

晚饭时，小伙子又忍不住要求道：“妈妈，你不要做这么多菜，我只要吃肉！”一边说一边要把菜端到一旁。

我笑道：“你又变成‘只要’了啊。你又不是狼，还只吃肉。要是来一只小蚂蚁，是不是就只吃米粒？来一头大象，就只吃香蕉和草了呢？咱们人是杂食动物，既吃肉又吃菜又吃米饭。”

浩仔听完，果然开心地吃起来。

睡觉前，他还总结道：“今天，我这只小蚂蚁，又吃肉又吃豆腐鸡蛋，又吃土豆丝西红柿了，味道都不错哟。”

故事引诱成功。小孩子越大越难教育，家长需要多一点耐心来引导。

新编经典老故事

每天接送浩仔的路上，都是我们游戏的时间。一天晚上，我们走在回家的路上，看到一面墙上有很多水泥窗。浩妈就灵机一动地跟浩仔说：“哇，这很像电视机啊。我们一个一个地播放吧，先看少儿频道吧。”浩仔玩得很开心。

现在，每天早上，我们玩的是新编“龟兔赛跑”故事。浩妈绞尽脑汁才想到了几集：第一次，兔子睡懒觉，输了；第二次，兔子半路贪吃胡萝卜，又输了；第三次，兔子总结经验教训，不偷懒不贪吃，终于赢了；第四次，乌龟遇到了麻烦，走不动了，然后兔子帮助它，一起到达终点（为了强调互相帮助，浩妈还引用了他喜欢的赛车总动员里面的一句话“比起冠军奖杯，我们的快乐和友谊更重要啊”）；第五次，因为兔子天然就有优势，跑得快，而乌龟就是爬得慢，但它会在水里游，所以这次比赛，兔子发挥它的优势在地上跑，乌龟发挥它的优势走水路，最后它们又一起达到终点（强调每个人都有自己的优势，发挥自己的优势就能成功）。

既要有故事情节，还要能表达点意义出来，不得不说，这需要浩妈开发自己的想象力啊。

每天的睡前阅读，浩妈也开发了新项目，就是把故事里的人物都换成班里的同学。比如小熊维尼是浩仔，跳跳虎是他的好朋友，等等。浩仔每次都玩得不亦乐乎。

借助绘本里的故事来改编

有段时间，浩仔要求很高，每天睡前或醒后，都会要求：“妈妈，你给我讲一个故事吧。你自己编的故事啊。”注意啊，不要来自书上的，而是要原创的。

如果爸爸在家还好，爸爸是天马行空“胡说八道”的高手。但最近爸爸出差，重任落在我一人身上。虽然我也会瞎编，但已经编了几年了，实在是黔驴技穷啊。

于是，我借助了《小兔汤姆》里面的一个模本，进行了现场改编。

“从前呢，有个五六岁的小男孩，叫豆子。有一天，他和妈妈一起逛商场，他藏在一个试衣间玩，结果妈妈走了他也不知道。等豆子出来时，妈妈以为他去别的地方了，到别的地方去找他了。怎么办呢？小豆子好想哭啊，但他一想，哭不能解决问题，我要冷静下来，想想怎么办。他想到了第一个办法：在原地等妈妈。也许妈妈会回来找豆子呢。但他等了十分钟，妈妈还没回来。这个时候，小豆子有一些着急了，但他想到第二个办法，给妈妈打电话，告诉妈妈自己在哪里不就行了吗？于是，他借来身边一个阿姨的电话，拨通妈妈的电话，但‘您拨打的电话已关机’，原来妈妈的手机没电了。怎么办？小豆子想到了第三个办法，求助商场里的工作人员，请售货员或收银员阿姨带着自己去广播台。于是，大喇叭里传出声音：‘小豆子的妈妈，请您到一楼广播室来，豆子在这里等您’。就这样，通过不断想办法，聪明的小豆子终于找到妈妈了。”

感谢绘本提供了思路，让我以后可以多进行相关改编，达到浩仔的原创要求。

用现实故事中的榜样来说理

用“别的小孩”的故事来旁敲侧击，对孩子而言很有吸引力。

每次去图书大厦，浩仔都不愿意拎着他买的书，因为他每一次都要买很多书，比较沉。虽然我也觉得他提不动，但也不能让他没有分担意识啊。所以我又说起一个电视节目：“浩仔，最近有一个节目《爸爸去哪儿》很火，里面的小朋友都特别地懂事，有一个小女孩也才6岁，节目里他们要去找菜，一个两岁的小妹妹提不动菜篮，小姐姐一把接过来，说：我帮你。然后一个人提着两个菜篮，跑得飞快，小姐姐特别照顾这个小妹妹。还有一个小弟弟才4岁多，他拉着的箱子简直和他一样高，但他也没要爸爸帮忙……这样吧，咱们什么时候一起再看看这个节目吧？”浩仔听完后，欣然同意，说：“妈妈，把你的包也给我，我也能拿两个包！”

当时微信上关于日本幼儿园小朋友的故事被广泛转发，我打开邀请浩仔一起看。我们一起总结了日本小朋友的好多优点：懂礼仪，乐于助人，爱劳动，团队协作，等等。浩仔问：“妈妈，地图上日本那么小，我能说日本是小蚂蚁国家吗？”“日本确实是很小，但日本小朋友真的了不起啊，很值得咱们学习。”榜样的故事对孩子最有说服力，也会是他们成长所攫取的一种力量吧。

附：故事的神奇力量

六年后，当我在写这本书时，邀请到从事故事疗愈方法的创作和推广王阳老师，进一步为读者分享给孩子讲故事的意义和方法——

“没错！故事的确很神奇。”

讲故事比讲大道理更能让人接受，是因为故事通常温暖，润物无声；而道理没有温度，硬邦邦的。道理在这样的过程中逐渐演化成一种常识。智慧常常隐藏在常识之中。讲故事的方法能够让人脑的运作自然而又隐秘。这种自然和隐秘显现出来就好像魔法降临一样。

给孩子讲故事的方法首选创编。因为每个孩子不同，并且最了解自己孩子的是父母。创编的故事有“量身定制”的味道，也最有疗效。浩妈编的故事就很对浩仔的胃口，他不仅乐于听，还参与其中了。母子之间的交流也非常有趣，创造出了一些超越故事的温馨的画面，可以说借由创编故事，母子一起创造了新的故事。难怪浩仔要求妈妈亲自编故事给自己听。

如果创编一时摸不到头绪，改编也不错。浩妈改编经典故事和绘本故事也给我们呈现了样本。新编的龟兔赛跑将游戏和故事结合也很有创意。乌龟和兔子一次又一次的比赛画面从浩妈脑中和口中描绘出来，我想她也一定很享受吧。成年人的想象力也会因此而苏醒。

可以拿来改编的故事多得像天上的繁星。如果改编还有困难，那就讲生活中看到的、听来的故事。讲这类故事时，可以只说事实，事实最好是很确凿的。谨慎给出自己的评论。随着孩子年龄的增长，孩子会逐渐明白是非对错。只要父母对自己的三观保持信心，自然会传递给孩子。

给孩子讲故事，最好是借这个故事和对方交流、分享，最大限度地避免“我在教育你”这种感觉。

学龄前儿童学数学一定不是靠几本练习册，最好的数学学习方法还是来自生活。

捕捉数学敏感期
在生活中玩转数学

4～6 岁是孩子一生中最重要的“数学敏感期”。他们将从数学概念的敏感期，对数名、数字、数量产生兴趣，到走向数学逻辑敏感期，开始对数的序列、概念以及概念间的关系产生兴趣，严谨缜密的思维习惯也在这个时期形成。甚至，有心理学家发现一个孩子对数学是喜欢、厌恶还是恐惧，大多数是在幼儿阶段造成的。

但很多家长谈数学色变，感觉对孩子来说，数学太难学了，可能想到的就是多做题多计算。

那天，浩妈带浩仔去书店买书。旁边的一个妈妈问店员：“有没有 50 以内加减法练习册啊?”浩妈这才发现原来有很多“50 以内加减练习”“100 以内加减练习”。然后那位妈妈很快买了一本练习册，还有另一个 365 夜故事就去结账了，没有征求半句孩子的意见。小男孩着急地问："妈妈，你给我买的什么书啊？"看到这两本不高兴地皱了一下眉。

小孩学数学一定不是靠几本练习册，最好的数学学习方法还是来自生活。这是几年来浩仔学数学的一个心得。这些经验，看起来似乎是有规律可循的，但其实不是提前预备出来的，而是事后总结出来的。当时，只是想着"浩仔现在对数字感兴趣到什么程度，他现在需要的是什么，通过什么方式能给予到他"。

（1）从具体的数到概念的"量"的认知过程。

浩仔对数字感兴趣，源于对停车场的车牌数好奇开始，于是教会了他数字。可以用形象的方法来教，如，1像铅笔来写字，2像鸭子水中游，3像耳朵来听话，4像小旗飘飘飘，5像汽车开开开，6像轱辘转转转，7像拐杖拄着走，8像麻花香喷喷，9像气球天上飞。但两岁多的孩子，只是简单认识这个数字，而不知其意。

问他："一个苹果加一个苹果等于几个苹果？"他会回答："两个苹果。"但如果你直接问："1+1等于几啊？"他就茫然了。这个现象很有意思，说明小孩子的数学认知还处于概念的模糊期，无法理解。于是，我就经常用具体的事物来问他，比如"爸爸加妈妈，加爷爷加奶奶，一共几个人啊？"

在这个过程之中，他才慢慢明白数字的意义，了解到它是一种抽象意义，而不是具体指某个物。

（2）讲解数字规律。我们为浩仔买了几个数字磁铁小黑板，用玩具来教他 10 以内加减法。

（3）了解数位和数字规律。在 10 以内加减法比较熟练的基础上，开始讲解数位“个十百千万十万百万千万亿等”。准备给他讲这些，还是源于车牌上的数字有时候有百位千位，浩仔很好奇，不知其意。于是我们给他讲了数位，并在纸上直接写给他看。他当时也认识这些字，很快就明白了数位，比如车牌是“235”，他就会点着念出来：“个十百，是两百三十五。”

在了解数位的同时，也教会他更多的数字规律：1 ～ 10，11 ～ 20，21 ～ 30。其实，个位上都是 1 ～ 10 的一个循环。90 ～ 100，101 ～ 110，也是“1 到 10 的循环”，只不过位数要从两位开始变成三位。

有意思的是，在整数转弯的地方，浩仔有时还是搞不太清楚。比如，69 后面，直接说“80”。我们一般会提醒他，十位是 6，那么比它多 1 的当然就是“7”。慢慢训练，他就很少出错了。

（4）对数字充分掌握时，可以教多位数加减法。当然是以加法为主，慢慢倒推减法。如果对 10 以内加减法充分掌握，其实再多位数都是跟它是一样的，只不过要进位或减一位。

（5）练习巩固。在纸上做题，需要计时。买东西时曾送过一个“数字加减大卡”，我让浩仔每天做三页，在10分钟之内完成。更多的练习，则是我们自己随机写的题，从简单到复杂，一位、两位、三位加减法，也要计时完成。

（6）在生活中练习，在玩中学习。3岁左右时，浩仔特别喜欢扑克牌。用扑克牌和浩爸赛连加，看谁先算出来。或者比大小，看谁先出完牌。从简单的不用动脑的“老牛拉车”，到算分数的“5，10，K”，再到三个人玩的“争上游”，他都很喜欢。还有一个是我很喜欢的算24点，就是抽出4张牌，加减乘数，每张只能用一次，最后得出24。这个相对比较难，浩仔兴趣一般。

买书和在游乐场玩项目，我都给钱让他自己算。我从不会给正好的钱，比如一本书要12元，一定是给浩仔“20”或“50”，先让他自己算一算，书店阿姨应该找给他多少钱。其实这就是一个“减法”练习，因为小朋友对书和玩都很有兴趣，他会尽力去算的。

还有在超市里，也让浩仔拿着牛奶等东西放到秤上称重量。还有计算器，一直是浩仔的好朋友。每次出门，公园门口、社区门口的电子显示屏上的日期时间等，都能加深他对数字的了解：数字在表示时间、重量、数量方面的奇妙。

（7）口算和心算很重要。在纸上会算，还要会在心里默算。心算是很锻炼注意力和思维力的。

最开始玩的是数列游戏。浩仔 3 岁多的时候，在公园散步时，我们经常手牵手，跟他玩隔一个数，隔两个数的游戏等。比如“1，3，5，7，9……”“2，4，6，8……”一个人说一个数，一直可以说到四五百。

浩仔 4 岁多时，算的就复杂一点了。比如连加，从 1 加到 10 等。有段时间，玩的是从 1 连加到 50，都是他自己算。说实话，我都没有这样的耐心能坚持下来，但浩仔坚持算下来了。

（8）在生活中继续更复杂的数字练习。

天气预报也是浩仔比较感兴趣的，因为都是数字嘛。冬天的时候，看到 –22℃，他会问是什么意思，于是给他讲了“负数”的概念。带他坐电梯，他喜欢从地下一直一层一层按到最高层，如果时间允许，浩妈会陪他一直上。浩仔就会明白 B1，B2，B3，B4 加上上面的 6 层，一共是 10 层。

浩仔 4 岁生日时，有一个小朋友的妈妈送了“数字金刚机器人”，浩仔非常喜欢。我在陪他玩时，突然想到了“排列组合”问题。因为这是“实物”，可以具体操作：拿出机器人

1，2，3，它们组成一位数有几个，两位数有几个，三位数有几个。浩仔果然对此很感兴趣。我们用笔写下了每一种，最后再算总数。有一次，又是算满了一张A4纸。到后来数字越来越多，我也算糊涂了。其实这是有公式的，但我觉得没有必要告诉孩子公式，我们玩的是一个过程。

那一段时间比较疯狂，我和浩仔经常算着算着就迷糊了，最后也不知道结果了，但彼此都很开心。我也相信这一定会让他对数字更感兴趣。

和浩仔在公园溜达的时候，我们还会根据场景来玩数学。我们每天从100米走到1300米，就会根据这个玩："浩仔跑100米，需要9秒；妈妈跑100米，需要8秒。浩仔和妈妈谁跑得快呢？"最开始浩仔会不假思索地说："当然是浩仔啊，因为9比8大嘛。"这需要思维转一个小弯，不是直接看大小。

我就会跟他解释："比如，我们从这走到前面那棵树，一只小蜗牛可能需要爬几个小时或几天，小蜗牛花的时间多。可一只大老虎也许只需要几秒钟，大老虎花的时间少。你说说，它们谁跑得快呢？"如此一来，他就会明白，时间越少速度越快。

同距离不同时间玩过后，我又会跟他玩不同距离不同时间："妈妈从门口跑到200米，需要8秒；浩仔从门口跑到

100 米，需要 5 秒。妈妈和浩仔谁跑得快呢?”最开始，浩仔会不假思索地说：“浩仔啊，因为浩仔用的时间短啊。”我就要解释一下，时间这次确实短了，但两个人跑的距离不同了，所以要先算跑同样的距离需要的时间。浩仔跑 100 米需要 5 秒，再跑一个 100 米，也就是跑 200 米，需要多少秒呢?“那就需要 5 秒加 5 秒，等于 10 秒。浩仔花的时间长，所以浩仔跑得慢。”

周末时，一家三口还会玩“买卖游戏”，浩爸拿出一些东西，标出价格卖给浩仔，浩仔买下再转手，“高价”卖给我。浩爸每次玩之前，还一本正经地跟浩仔握手：“浩总啊，你好啊。最近生意怎么样啊?”为了显得真实，都是用真钱来买卖，最后算出浩仔扣除成本之后，盈利是多少（当然最后钱还是归还我们）。浩仔很喜欢买卖过程，在玩了几次后，就懂得如何“高价”卖出，会不遗余力向妈妈推销他的东西，“我这个东西呢，它特别好……（有时说得很无厘头）。”玩这个游戏，真是一举多得啊。傍晚的夕阳透过窗户暖暖照进来，浩仔和浩爸玩得不亦乐乎，我当下就觉得，幸福就是如此简单。

（9）掌握乘法运算。最开始浩仔背乘法口诀表，也是不知其意，但先熟背，他会慢慢明白，乘法就是加法的运用。

比如看到小区的信箱，浩仔就会懂得用横排的数乘竖排的数。横着 8 个，竖着 8 个，就是 64 个。8 乘 8，就是 8 个 8 加起来，可以用加法再检验一下。

（10）讲数字笑话和数字故事。每天关灯睡觉时，浩仔都要让我们编一个故事，当然最好是跟数字有关。我搜集到一些跟数字有关的笑话或故事，也绞尽脑汁编过一些。

如关于“朝三暮四”的典故：最后其实还是 7 个橡子，但猴子不明白。

如地主和农民的故事：地主拖欠农民工钱，农民想到一个办法：“那这样吧，你按数的平方给我工钱，平方就是自己乘以自己。你第一个月只给我 2 元，第二个月就给我 2 乘以 2，4 元；第三个月就给我 4 乘以 4，16 元。一直这样算下去，你看怎么样。”地主很开心地同意了。第四个月时，他就给了农民，16 乘以 16，256 元。第五个月时，他要给农民的钱就开始变多了，256 乘以 256，65536，地主傻眼了。等到第六个月时，就是 65536 乘以 65536，等于 42 亿多了……

浩仔对这个故事特别感兴趣，我们用计算器算，看着数字如何一点点变多，体验数字的神奇。当然，讲的时候我尽量将地主的失落和失算表现出来，逗得浩仔一遍遍大笑。

我也自己编过跟晚睡有关的数字故事："小朋友应该 9 点半睡觉，结果他每次都拖到 10 点半，每天都晚睡一小时，那一年下来就相当于比别人少睡 365 个小时。而一天有 24 个小时，就相当于一年中他大概比别人少睡 15 天，那么十年下来，就少睡 150 天，活一百岁的话，就相当于少睡 1500 天。咱们把这些天折合成年，又要除以 365，大概相当于 4 年，也就是说你每天少睡一小时，一辈子就比别人少睡 4 年的时间。如果你每天晚睡两小时，那你一辈子会比别人少睡 8 年。比你现在的年龄还大呀！"

浩仔虽然会简单乘除，但除以 365 这么大的数字，还是得由妈妈直接告诉答案。其他的，都是他自己很有兴趣地算出来的。既感受到了数字的有趣，又让他明白晚睡的危害："天，我要比别人少睡这么多啊！"

有天晚上，我实在想不出新的题，就跟他说："题库已用完，请您稍后再按。"浩仔又乐呵呵地去找爸爸。

爸爸也讲了和数字有关的笑话：一个人去商场，看上一件衣服，问售货员多少钱，售货员说 5 千元。这个人说"太贵了！"之后，他又看上一件衣服又问价钱，售货员想了下，回答道："两个'太贵了'！"

浩仔听完，哈哈大笑："两个'太贵了'，太好玩了！爸爸，你再讲一遍啊！"

关于数字的题、游戏、故事、笑话，几年来浩仔总是百听不厌。而我们的因势利导，不仅仅是为了教育和开发思维，也是亲子间的一种交流密码，带给彼此快乐和幸福。

附：特邀数学特级教师陈凤伟为读者解读——如何在孩子内心种下优质的数学种子

数学教育看起来是一种知识教育，但本质上应该是一种素质教育。生活中，我们发现问题、分析问题、解决问题、反思调整的过程，具有正向的、逆向的、多维的、逻辑的、发散的思考模式都在无形中发挥效应，这就是数学教育抛开具体的知识留下的一个人在成人社会中需要的必备品格和关键能力。

“数学好玩”是著名数学家陈省身先生的至理名言。但是，相对于孩子的天性和鲜明的年龄特征，数学知识固有的抽象性显得有些严肃了。究竟学什么样的数学，怎么学数学，才能在孩子心中种下优质的数学种子，有自己生长的力量呢?

像浩仔妈妈这样，首先自己放下身段，然后让数学不再“板起面孔”，与孩子在生活中学有意思的数学，有意思方能有意义！让数学有用，孩子有成就感，他们才会逐步感受和体验到数学的魅力与价值，增进对数学的理解和应用数学的信心，爱上数学、爱上学习。其核心是培养孩子的数学思维，是让孩子通过这个“数学工具”掌握其背后的思维方式。

孩子需要有意思的学习，有意思方能唤起孩子的内驱力，只有内驱力下的学习才是真正有意义的，也才是育人的学习。

（1）孩子要在体验中学习，积累经验，方能形成方法和思想。要将“知识”变为“问题”，将“说教”变为“活动”，让孩子有“尝试”的时空。过程中不怕出错，而且最好“出错”，因为经验就是在“犯错”中产生的。

（2）孩子需要在对话中学习，平等交流，碰撞出思维的火花。成长中的儿童是有其发展阶段性规律的，让以形象思维为主的儿童喜欢上数学，的确需要智慧引领！孩子需要的不是对他讲了多少，而是说了多少他能听懂、理解的话。语言是思维的外化，在对话中孩子才能“整理”自己的思考，在对话中我们才能“看到”孩子的思维进程。

（3）孩子需要在操作中学习，手脑结合，问题解决，智慧生成。孩子具有鲜明的动作思维的特点，动手操作是他们探索的开始，智慧在“指尖”闪现，做数学是重要的学习方式。比如，画一画、量一量、折一折，等等，让模糊的思绪在操作中可视化，手、眼、脑结合，思维就在操作中延伸下去。

（4）孩子需要在阅读中学习，数学阅读，是理解的前提、应用的基础。美国著名心理学家龙菲尔德说过：“数学不过是语言所能达到的最高境界”。提高孩子的数学能力，绝不是一味地做题再做题，而是通过阅读来实现的。不仅是语言文字的阅读，还包括数学特有的符号、图示、图表语言的阅读。

看了浩仔和妈妈学数学的情境，是在好玩、有趣、有意思的生活情境、问题情境、阅读情境中开启孩子数学的眼光、数学的思维、数学的表达，这是将孩子的天性和数学的本性协调、融合、贯通的鲜活样例，在孩子心中种下优质的数学种子，激活了孩子与生俱来的“内在潜能”，这种潜能具有蓬勃的生命力量，让其发芽、长叶、开花、结果，迸发出创造能力。

好家长不一定是数学家，但一定是孩子的真朋友，有一颗同理心，贴近孩子的心，以孩子的视角读懂他们眼中的问题，和孩子一起学数学。

这个大红萝卜和浩仔一本书上的一模一样，带回去给浩仔看看。

孩子其实是不需要“教育”的，每个孩子都有他的成长规律和法则，只需要你关注到他的需求和节奏，然后加以引导和辅助，他自会成长起来；家长总想着如何教育好孩子，但很多东西是比单纯的“教育”更重要的，特别是亲子关系。

亲子关系第一位
好的亲子关系才有好的教育

昨天接到一个读者妈妈的电话——她上高二的女儿，因为恋爱不愿回家，电话关机。父母十分担心。我也很替这个孩子揪心，替父母担心。但我想一个孩子的走远，不是一朝一夕的事，她与你的情感链接一定早就出问题了。

亲子关系是第一位的，没有良好的关系就不可能有顺畅的教育。

如果你不知道孩子最爱玩的是什么、孩子的兴趣是什么，常常觉得不知如何与孩子互动，与孩子之间没有一座顺畅的沟通桥梁，那你就无法感知他的内心的变化，最后你只能发愁：“孩子怎么变成这样了？”

好的亲子关系，需要父母能适时“看见”孩子，理解和

尊重他，明白他各种外在表现之下的内心需求，并能想各种办法去满足他的成长需求。

好的亲子关系，需要父母花时间和精力去关爱、陪伴孩子，彼此成为最好的朋友和偶像。之后才有你言传身教的影响，你的教导也才能有效。

3 岁之前，亲子互动大多数是肢体类的游戏。而 3 岁之后，孩子的求知欲望越来越强，渴望与父母有更多思想上的交流、与外界有更多的互动，给孩子带来精神上的满足感和愉悦感。

3 岁之后的浩仔，特别爱听故事和笑话。在一段时间里，浩爸有一个任务：每晚讲几个笑话。有的笑话来自网络，有的笑话来自报纸，我也会专门搜集了转他。

尽管很多笑话都很无厘头，但我们都会全心去“演”给他看。“一个包子饿得肚子疼，突然闻见了一阵包子香，于是一口吃掉了自己。”每次，浩仔都会乐不可支，“再讲一遍，再讲一遍！”其实，逗小孩开心很简单，多说一点动词、形容词或比喻，再用夸张一点的表情，“笑”果就很好。

对于浩仔，我们从没糊弄过，会认真倾听他，仔细观察他，及时了解到孩子的需求。

又有一段时间，浩仔集中玩的玩具是拼图。我先带着他拼完了 60 块的拼图，又逐步增加块数，买了 100 块和 120 块的拼图，加上别的阿姨送的，八九个拼图玩了很长时间。

五六岁时浩仔的“俄狄浦斯情结”还没过去，依然把爸爸当“情敌”。但因为爸爸有专属节目，他为了这节目有时也“屈尊”喜欢爸爸。所以，爸爸一定要有专项亲子节目啊。

有一次，浩仔与英文老师视频上课。一个看图对话中，浩仔弄错了“外套和衬衫”。浩爸带着儿子探究原因。“单词不认识吗？”“认识啊。”最后发现是孩子是不理解单词代表的意思。浩爸当即脱掉他的家居服，然后穿上衬衣、套上西装、系好扣子。最后，他指着衣服一一给儿子讲解：“这个露出来的领子就是衬衣的，这个袖子呢也是衬衣的。外面的这个就是外套。”浩仔当即明白了。

还有一次，浩爸出差回来，行李箱里竟然带回来一个圆圆的大红萝卜。与北京的长白萝卜不同，他逛超市的时候发现东北有很多这种大红萝卜。有一个萝卜长得和浩仔一本书的封面上的一模一样，他就赶紧买下，并一路拖回家，送到浩仔的手上。

千里送萝卜。有心了，浩爸！

亲子关系，离不开陪伴的时光。我们共同看过天文馆的所有穹幕电影，聆听了科技馆里许多的讲座，爬过大大小小许多的山峰。除了尽量每周爬一座山，节假日我们也会家庭出游，和孩子一起游览祖国的大好河山，了解人文历史。如今我们的足迹遍布了全国 16 个省份。

一个红色圆萝卜，一场场穹幕电影，一张张高铁票……这一段段共同的经历，或许在时间流逝中会被孩子渐渐遗忘。**但亲子陪伴的力量是无法计量的。共度时那份欢笑和语境，会在时光中转化为他脸上的光、心底的暖，让孩子有勇气和力量去走更远的路。**

附：推荐改善亲子关系的书籍——《6A 的力量》

《6A 的力量》讲述了如何积极正面管教子女，以及亲子关系营造的 6 个原则：接纳、赞赏、关爱、时间、责任、权威。因这 6 个单词的英文字母都由 A 开头，所以称为“6A”。

接纳、赞赏、关爱、时间，这四大原则在子女教育的天平上处在“爱”的一端，而在另一端，我们要放上另外两大原则来平衡——责任和爱的权威——这是家庭生活的规则。必须以“爱”为先导，爱是基础建设。

忽视了亲密关系，规矩就会软弱无力。孩子不会对规矩积极响应，他们只会对良好的关系有所呼应。当然，许多家长给孩子制订规矩，“都是为了他们好”，可是如果你没有让孩子感受到家长无条件的爱和接纳，给予他们安全感，如果你没有通过赞赏给予孩子自我价值感，没有向他们表达爱意，其结果必会适得其反。要是没有花时间和孩子相处，让他们感到很受重视，那就别指望他们会赞成你定下的规矩。

CHAPTER 5 · 第五章

成长型父母之 解决问题者（7～10岁）

走入校园，孩子们将开启新的旅程。孩子的成长犹如幼苗成才，离不开阳光雨露的滋养，离不开枝枝丫丫的修剪。“合抱之木生于毫末”，不清楚哪一天阳光的照耀让这棵树长高了一厘米，也不清楚哪一天的雨水让它长粗了一厘米，但是我们知道它长得参天离不开一天天、一月月、一年年的滋养。

阅读是孩子成长的根基，逻辑思维是茂盛的枝干，兴趣爱好是结出的花朵。根深叶茂，繁花朵朵，是一棵树最美好的模样，是一个孩子成长最美好的样子。

XX小学开学：新同学，欢迎你！

孩子，永远是活在当下、乐享当下的。朝气蓬勃的生命，永远是向前的。

祝福你，一年级的小豆包

2014 年 9 月 1 日，浩仔小学开学第一天。他很淡定，尽管昨天还嚷嚷“我周末还没玩够呢，明天不想上学啊”，但还是一大早起来，看书、吃饭。而我却百感交集，欣喜、期待而又焦灼、紧张。

临出家门，发现他的校服上有一道铅笔杠，我赶紧用水洗干净，浩爸用吹风机吹干，结果却把衣服吹糊了。

走在路上，我们商量着找老师赶紧再订一套，浩仔却淡定地说：“糊了就糊了呗，就这一点儿，又不影响什么。不用再买一套了。”

就这样，他左手牵着爸爸，右手牵着妈妈，背着沉沉的书包走着。书包里放了 4 本书，还有许多本子，还有一个大水壶。我问他：“书包是不是很重？要不让爸爸帮你提着吧？”他说：“好重的。”但在准备卸下来时，想了一下，又自己背上了，“没事，还是我自己背吧。”

走到学校门口，不让家长进了。浩仔因参加围棋赛错过了入学报到，连教室在哪儿都不知道，却依然随着小朋友们走进校园，头也不回。我赶紧把他叫回来，告诉他教室在二楼，如果找不到就问问老师。他点点头，再次大步向前走了。

淡定的小伙子。

他不知道，妈妈心中翻腾着怎样的波澜，脑中一次次闪现张晓风的那篇文章《世界，我交给你一个孩子》：“世界啊，今天早晨，我，一个母亲，向你交出她可爱的小男孩，而你们将还我一个怎样的人呢？”他不知道，爸爸已经手舞足蹈地畅谈，开始对他的小学生涯充满了美好期待和深度规划。他也不知道，在成人的眼里，世界的复杂和多样。

孩子，永远是活在当下、乐享当下的。朝气蓬勃的生命，永远是向前的。我们要相信孩子们都有足够的能力和智慧去处理和应对凡此种种的经历，并且在这期间成长再成长。

我们要做的，就是收起我们的担心和焦虑，默默地关注，静静地欣赏，然后深深地期待这个世界能温柔地对待他们。祝福每一个刚入学的小豆包！

附：如何尽快适应小学生活

我们没有上过幼小衔接班。一年级的数学相对简单，孩子没有问题。语文方面，虽然不识拼音，但因为看书多，所以简单的汉字都认识。如果孩子提前学完拼音，等到上课时会不会觉得简单而不认真听课？那就得不偿失了。所以，我觉得幼小衔接知识上的储备不用过多，但在习惯养成和校园适应性方面可以多关注。

在现代教育报举办的“现代教育大讲堂”中，中关村第三小学刘可钦校长针对一年级“小豆包”做了一场讲座。作为一年级新手妈妈的我认真聆听也做了详细记录，我把刘校长专业的建议分享给各位读者。

小学阶段，最重要的是：延长学校、家长间的信任链条。注重三方交流，遇到事情，父母与老师可先交流，然后拉孩子一起交流。

小学与幼儿园最大的不同：孩子由关注个体到关注同伴，家长由关心孩子的吃住行到关注孩子适应性，注意孩子在结交新朋友或集体场合中的适应困难。比如，一些孩子假期过后会莫名生病，因为对学校失去新鲜感或在校已有一些不适。家长要鼓励孩子敢于求助（如问路），鼓励孩子提问，允许孩子犯错。

在学习上，任务意识和自立能力是孩子获得良好学业成绩的前提。专注于做一件事，家长对孩子少一点要求、多一些坚持（习惯养成）。

每天放学回家后，家长可以问这三句话来了解和帮助孩子。

“今天学校有什么好事或好玩的事发生呀?”——给孩子正面的价值观。

“今天你在学校过得怎么样?”——让孩子了解自己和同伴。

“有什么需要爸爸妈妈帮助的吗?”——让孩子感受到父母的关心。

等待孩子的成长，或许是父母成长的一部分。

娃，你何时自己睡?

因公婆和我们一起居住，受空间限制，浩仔一直和我们睡。如今他已光荣地成为一名小学生，必须有自己独立的房间。于是，我们一家三口搬出来住，专门给他布置了一个男孩儿房间，准备让他开始独立睡。

之前，我就给他打预防针，描绘独立空间的美好和独自睡的舒适。“你还可以拿一件你最喜欢的毛绒玩具陪你睡呢，比如大老虎或小猴子。”我循循善诱。

浩仔想了想，问：“那这个玩具可以是一个人吗？可以是一个姓王名小艾的女的吗？”

“不可以！”嘿，你别跟我设套啊。

“那要不这样吧，随便一个，女的，活的就行。”

“哈哈，女的，活的，哪有啊？我也想要一个。”在一旁的浩爸听到了，乐不可支地附声道。

搬到新家后，浩仔挺喜欢的，白天玩得挺嗨，但晚上咋都不愿自己睡。

我们苦口婆心地劝说："浩仔，你看你长大了，是一个小小男子汉了，你需要自己睡啦。"他幽怨地望着我俩，无比委屈道："你俩比我还大呢，为啥你俩还睡在一起呢？"我和浩爸面面相觑，片刻，浩爸笑着说："那要不这样吧，你俩轮流陪我睡一周吧。"

最终采用这种折中方式，先让他跟爸爸睡两周，过渡一下。

浩仔勉强同意了。相安无事几天，有一天他又突然要求和我一起睡，在叽歪半天无果后，还是跟爸爸睡去了。

第二天，浩爸悄悄告诉我："我儿昨天郁闷坏了，问我：'爸爸，为什么我这么喜欢女的不喜欢男的呢？妈妈都不要我跟她睡，可我还是很想和她在一起啊。爸爸，你是不是也喜欢女的？'"得到爸爸的肯定回答后，他还与爸爸惺惺相惜了许久。

还有一天，浩仔一边轻轻摸着我的外套，一边眼巴巴地望着我说道："妈妈，你这个衣服好柔软、好暖和，我晚上能抱着它睡吗？"我当时眼眶一热，差一点儿说："儿子，跟妈妈睡算了！"

但我忍住了，不能功亏一篑啊。浩仔很快习惯和爸爸一起睡了。不久后，我们和朋友一块出去玩，浩仔很喜欢一个同龄小男孩，连晚上也选择和小男孩同睡一屋。刷完牙洗完脸，他就迅速跑到隔壁房，理都不理我们，搞得我心里还隐隐有一丝小失落。

一个孩子的世界是开放的，他的视线终究不会只落在父母身上。而我们的焦虑大概是因为看专家的书太多了、听专家的理论太多了，喜欢把眼前的事和孩子的未来联系到一起，所以会变得纠结和担心。比如，当孩子不愿自己睡时，会发愁他的未来——他恋母了怎么办？他没有亲近爸爸怎么办？影响到他心理成长了怎么办？

想一想，养孩子也许真不该这么焦虑。当孩子一岁多还不会走路时，父母会担心不已；当孩子两三岁还口齿不清时，父母又会焦躁不安；有一些事，当你经历时，觉得心中是天高月黑般的无奈和惶恐，但你走过之后，会发现它真的似风轻云淡般不足一提。

养育孩子时，许多事情都如此吧。我的儿子恋母吗？他看到小伙伴就把我抛到脑后了。我的娃跟爸爸不亲近吗？俩人的笑声经常感觉要掀翻屋顶。放轻松一些吧，也许娃只是没做好准备独自睡，他只是想多和父母待在一起。等孩子到了青春期，我们想让他多在家待片刻估计都够呛。

我买了一些“孩子自己入睡”“自己的事情自己做”等相关内容的图书，讲给浩仔听，也找机会让他和同龄小朋友一起玩、一起睡。安心地等待一个过渡期的结束，等待他不愿独自入睡的不安情绪过去。

等待孩子的成长，或许是父母成长的一部分。

为什么你俩比我
还大你俩就能一起睡？
能找一个姓王名小艾
的来和我睡嘛？
No!
那能找个女的，
活的就行！
No!
我也想要一个！

幸好我及时按下“暂停”键，之后又适时开启“回拨”键，一幕幕倒退，开始自我的反省。

不把自己的过高期望放到孩子身上，客观对待孩子，就不会对孩子有过度或不合理的要求。不把孩子的事情背负在自己身上，静待孩子的成长，就不会因为对孩子的事指手画脚而心烦意乱。

学会及时按下“暂停”键 适时开启“回拨”键

7 岁的浩仔越来越有主意。只要他不想做的事，就会想尽办法去辩解，常常把我说得哑口无言，进而变得不理智，甚至转为怒气冲冲。

那天下班后我去了家附近的一个公园。因为我和浩仔说好了在公园碰面。我很喜欢这一幕：暖暖的夕阳中，听着树叶被微风吹得沙沙响，我坐在长椅上看书，浩仔则跟小朋友踢球。

到了公园，不见浩仔的踪影。我给家里电话，小伙子接电话说：“喔，妈妈，我还在看电视，电视一会就结束了。”

“行，那看完以后，让爷爷带你来公园吧。”

“好啊，那一会儿见。”

原本，这将是一个美好的傍晚。但片刻后，爷爷打来电话“告状”：“浩仔说要7点以后再出门。”

“什么?”当时才6点钟，这就意味着他会继续看一个小时的电视。刚才不是说就一会儿吗?我立马有一种血涌到头部的感觉。

“你要7点才出来，那就别来了!”我很清楚自己的语气带着明显的“要挟”意味。

“好的，那就拜拜，我不去踢球了!”浩仔丝毫不为所动，匆忙地挂掉电话，心急火燎地继续去看电视了。

这个孩子简直没法管教了！我给浩爸打电话控诉。他却觉得这不很正常嘛！我更像一只气鼓鼓的青蛙，带着满腹的不爽僵坐在公园的长椅上。目光所及，几个小朋友在酣畅地踢球、奔跑，一个个都生龙活虎！想到到浩仔却在电视机前“驰骋”，想到他的越来越难以管教，那一刻，我特别想冲回家，把这个“不听话”的小孩推出家门，严肃地告诉他：“小孩不能这样!”

我头脑中一边闪现着这一幕，一边往家走。随着不断前行的步伐，我的情绪似乎不再冲动，也开始有所松动。我轻轻抚摸着因生气而倍感难受的肚子，问自己：把他推出去，这样做有用吗?能让他不看电视了吗?恐怕不行。那我为什么还要使用这样的“暴力”方式呢？

答案很快从脑海中浮现出来了。

因为我的爸爸就是这样对待我和弟弟的。尤其是弟弟，因为调皮，从小挨过很多的训斥和打骂。我自以为学了这么多育儿理念，会和固执、严厉、苛责的爸爸不一样。但事实证明，这是一脉相承的。原来，我不比爸爸高明多少嘛。想到这儿，我不禁有些想笑。

满腹情绪似乎找到通道，有所释放。我也开始思考：为什么会如此生气呢？其实，不就是看电视吗？最大的危害不就是戴上眼镜吗？还会怎么着呢？再说，我一个 30 多岁的人，尚且无法控制自己的情绪，为什么就要一个六七岁的孩子能控制自己看电视的欲望呢？这个要求，是不是过了点儿呢？

既然是过度要求，那他没做到就很正常，我却极度生气，这背后的心理是什么呢？我放慢脚步，仔细体察自己的愤怒。其实，有一部分愤怒，是来自对老公“不作为”的不满，有隐形的转嫁情绪的成分。还有一部分来自“本能”的条件反射——尽管我十分不愿意承认，但我确实在孩子身上投射了一个十分完美的形象，我希望他能懂得该做什么、不该做什么。

好吧，这其实是一个“伪命题”，因为没有完美的孩子，就像没有完美的大人一样。

好吧，那我为何会如此苛责呢?

这恐怕又来源于小时候爸爸对我的高要求，我永远不会让他满意，永远做得不够好。这又“遗传”给了我，导致我对孩子也会过高要求。所以，我这么大的情绪，又要怪罪于我无辜的老爸了？这样还是在推卸责任啊。早已成年的我，必须自己对自己的情绪负责。

如果此刻我不知道如何能让孩子远离电视，起码我可以对自己做点什么——不再怒气冲冲，不再想把他“扔出去”，平静地告诉孩子:“刚才的事，让我可能有点儿情绪。我想先冷静一下，自己待一会。”先按下情绪的暂停键，然后再冷静地想想解决办法。

一路上，我内心起起伏伏，最终恢复到平静。回到家时，我完全地控制住了情绪，没有大吼，没有生气。

结果，也未出现我不愿见到的一幕。浩仔没有继续看电视，而是在摆棋谱。摆完后，他拿着撑衣杆当金箍棒，上蹿下跳，笑起来还是那么可爱。

幸好我控制住了快要爆发的情绪，没有对他采用“暴力”手段，没有让我们的情感链受损。

幸好我及时按下“暂停”键，之后又适时开启“回拨”键，一幕幕倒退，开始自我的反省。

学会管理情绪、学会察觉情绪背后的原因，这是我的人生功课。我能感觉到，当写下“责怪”“完美主义”“转嫁不满”这几个词时，它们仿佛是一笔一画重重地从心底划过。也许，它们与我的过往是有链接的，是自我察觉与反思、成长的关键词。

在冷静下来，不带情绪地跟孩子探讨问题时，我发现孩子的抵抗也不会那么强烈。看电视的问题，之后经过一起探讨，浩仔自己决定：电视无法抗拒，但每天最多一个小时，而且看半个小时就要休息一会儿。

其实，父母学会放手，让孩子学会对自己的事情负责，就会发现孩子其实是有能力做好的。不过度把孩子的事情背负在身上，父母就不会有不安和焦躁。如此，一方面，孩子得到了锻炼，会变得更自信、更自律；另一方面，为自己适当减压后，情绪平静的父母也会带给孩子更多的滋养。

如今，刚上小学一年级的浩仔，他的作业基本都自己负责。我一再跟他申明：“学习是你自己的事，作业，也是你自己的事。如果你不懂，就一定要在课堂上向老师问清楚，上课要认真听讲。”结果，因为认真听讲，他的试卷准确率很高，写作业的效率也很高，基本在学校都能写完。而我负责的就是在他回家后一起亲子阅读，一起搭积木玩游戏。

不把自己的过高期望放到孩子身上，客观对待孩子，就不会对孩子有过度或不合理的要求。

不把孩子的事情背负在自己身上，静待孩子的成长，就不会因为对孩子的事指手画脚而心烦意乱。

做一个时刻能保持情绪平静的妈妈，很难，但值得一试。而这，也是妈妈的一种自我成长。

当父母真的是考验你的抉择能力，很多抉择来自你最在意的到底是什么？像我很在意的是孩子拥有好的视力和健康，更倾向于父母多带孩子进行户外运动，用生活中的游戏降低网络游戏的诱惑。

要不要买 iPad，电子产品如何用

一年级的寒假期间，浩仔不止一次地提出：“我想买一个 iPad。”“我就要买 iPad！”他一向“明事理”，很少这样要东西的，而且还小嘴巴一瘪，眼泪汪汪地，锲而不舍地要。这可能是因为春节期间去小朋友家里一起玩儿了 iPad，还没过瘾，所以就想自己要一个玩。

我们自然是跟他讲道理：“这个费眼睛啊，看时间长了，眼睛基本就会近视的。而眼睛一旦近视，不像牙齿那样还能补，就是终生近视了啊。”

浩仔不同意：“可是多多也在用，他的眼睛不是也没问题吗？”

“你看看小可，琪琪……都是因为玩 iPad 近视了啊。玩这个的，10 个有 9 个眼睛近视了。多多可能还没查视力，如

果他还是天天玩那么长时间，近视的可能性也是很大的啊。”

面前这些道理，浩仔索性不听了，直接说道：“我不要视力好，我就想玩。”

看来诱惑真的很大啊。我和浩爸不得不重视了。

我倾向于买一个，因为我想起很多人因为家里不给玩游戏，而去网吧玩的事情来。浩爸却说：“那家里不给白粉，你还到外面去吸？”他还是认为不应该给买。

我又从微信上给浩爸分享了一篇文章《打游戏的教育意义》，觉得电子产品也许是浩仔他们这代人的话题。然后我跟浩爸提议：“买一个 iPad，设置一个他不知道的密码，等家长回去才能玩，每天就玩半个小时。”结果浩爸又一句话把我堵死了：“今天妥协买了，明天会不会妥协密码？”我一想，这个可能性不是不存在的。

浩爸又结合他自身经历来说：小时候，婆婆给他买了游戏机，也是锁起来。结果，他找别人帮着把柜子撬开，偷偷拿出来玩。想玩游戏的心根本控制不住，他觉得不应该相信小孩子的自控力，觉得应该从源头切断。

看，这是他的成长经历得出的经验，所以他成了谨小慎微的爸爸。而我的成长经历却是宜疏不宜堵，比如我爸爸禁止我早恋，但我却还是早恋了，所以我觉得应该是引导，而不是去堵住。所以，谨慎的爸爸和激进的妈妈展开了探讨。

我觉得很多事情是堵不住的、阻止不了的，今天不让他玩了，也许以后他就会去网吧了。

浩爸还是很坚持不买，认为：很多事情该不该做，取决于孩子对这个事情的认识。浩爸之前一直觉得进网吧和游戏厅不是好孩子做的事，所以很长时间都不会去。他希望浩仔能认识到这个事不好，最终实现自我管理。

我继续发问："那浩仔身边的人都玩，他自己也觉得有意思，还能听得进去你的话吗？不会影响到他和别的孩子沟通吗？我觉得他早晚都会买一个的啊。"

结果浩爸又回道："任何游戏，只要花上半天时间基本就都弄会了，怎么会无法沟通呢？"

最终，我选择了相信爸爸的判断，因为他们都是男性，也许对游戏的态度和看法会更深刻一些。我们也研究了一下原因：小伙子如此想要一个游戏机，主要还是因为假期，爸爸妈妈上班，爷爷奶奶带着没啥好玩的，所以想玩一些电子产品打发时间。等正式开学了，他没这么多空闲时间，就不会如此要求了。

浩爸也让步了，答应浩仔每天用手机玩一盘游戏，时间由爸爸控制。浩仔很开心，每天都很期待和爸爸玩游戏。

不久，我在网上看到这样一则新闻：为弄清楚 iPhone、iPad、电视对孩子视力的破坏究竟相差多少，浙江省眼科医院

3 位医务人员拿自己孩子做了 4 天实验，结果显示：①连续玩 20 分钟 iPhone，3 位孩子平均视力接近轻度假性近视状态；②连续玩 20 分钟 iPad，泪膜破裂时间与干眼症患者相当；③连续玩 10 分钟 iPhone，相当于看 30 分钟电视。

于是，我们果断地决定，手机游戏也不能玩了。经过讨论，我们决定浩仔可以每天和爸爸一起看一会儿电视，看看“小小救生队”的英文版动画片，只有每周末才可以和爸爸一起玩一小时游戏。另外，天气暖和了，我们每周末要继续出去爬山，争取让游戏在浩仔心中的地位逐渐减弱。

不过，浩仔似乎还是对 iPad 念念不忘。一天临睡前，他悄悄跟我说：“妈妈，我想用爸爸换一个 iPad。”结果被坏蛋爸爸听到了，赶紧说：“你要是同意的话，我明天就用妈妈给你换一个 iPad 回来啊。”浩仔开心地说：“好啊好啊，用妈妈换一个。啊……我最爱妈妈啊，不能用妈妈换。”哎，可怜的娃，为了 iPad 连妈妈都不要了。

但玩笑归玩笑，当时我们还是没有买。这样做似乎有一些狠心，但想起我们家的很多坚持，如从小只给他喝白开水、不喝碳酸饮料；如 6 岁之前没进过电影院，每天坚持睡两个小时的午觉，等等。也许正是因为这些坚持，浩仔才能保持一个好身体吧。

当父母真是需要不断探索。

这番讨论的结果维持了三年，在浩仔上四年级的时候，因为课外机构的学习需要用 iPad 来做题，也因为同学之间经常交流游戏，最终给浩仔也买了 iPad。他主要是用来做题，玩几个游戏，在微信上跟同学交流，基本每天半小时，最多一小时。

当父母真的是考验你的抉择能力，很多抉择来自你最在意的到底是什么？像我很在意的是孩子拥有良好的视力，所以一直到 10 岁才给他买 iPad。

对低龄的孩子来说，还是建议家长慎买或少用 iPad。**有早教专家表示，孩子过早专注于电子产品，可能会导致他们注意力缺乏、认知力延迟、学习能力下降、变得更冲动，以及缺乏自制能力，表现为暴躁、易发脾气。另外，电子产品并不能如很多家长所预期的那样会促进孩子的智力发育，相反，它会降低孩子的主动思考能力和创造力等。**

如今的电子产品成了很多父母的“哄娃利器”。我亲眼看着两三岁的小朋友，打开抖音一玩就是一两个小时。孩子能从中获得多少营养呢？但它就让你不由地沉浸进去，这是孩子没有办法自控的。在缺乏监管的情况下，长期玩电子产品对视力和大脑的伤害是无法想象的。

很遗憾，浩仔在五年级的时候视力下降，不知道跟 iPad 有没有关系。但起码 10 岁之前，他是与书为伍，很少接触电子产品的。网上有很多说法“民主的家庭更支持玩电子产品”“玩电子产品的孩子学习更优秀”“不玩电子产品跟别人无法交流”，等等，但游戏这个东西孩子们往往无师自通，晚点儿开始不可能无法交流。而且因为会使用电脑，也没影响到浩仔参加信息技术类的学习和比赛。

孩子越小，眼睛和大脑越需要呵护。iPad说到底是一个工具，如果孩子尚小，使用的意义到底有多大？当孩子自控力不够时，可以通过电视大屏幕观看动画片。如果家里买了iPad，一定需要监管，可以和孩子约定好时间，一起观看和游戏。请把它当成工具，而不是育儿保姆。父母更需要多带领孩子进行户外运动，用生活中的游戏降低网络游戏的诱惑。

把学习和作业的主体，还给孩子。家长把问题解决在平时，注重培养孩子的自我学习的习惯和行为。

陪写作业
不是送命题而是伪命题

期末考试期间，网上一会儿是国外父母如何拼学区房——《目睹了美国家长推娃的盛况后，我内心现在慌的一批》，一会儿这两周别惹老师——《老师的期末如何度过》，一会儿是各种好玩的图片——甘蔗的图片，考好了内服、考不好外用……

全民焦虑汇集成一片大狂欢。

四处弥漫的焦虑，似乎都跟我们无关。浩仔最近的日常都是：悠闲地看着各种“闲书”，有向同学借的皮皮鲁，有自己买的《康熙大帝》。周末，他麦粒肿严重的时候无法看书，就躺着听了好几个小时单田芳的评书《燕王扫北》。

我问他为何不写作业？

“我在学校写完了啊！”

为何不复习？

“在学校复习好了啊！”

于是彼此各干各的，相安无事。

听闻有家长会在考前报班，会有机构给孩子做试题预测，还有机构公众号有往年的试卷。凡此种种，无不凸显着家长的焦虑。到底为什么会如此焦虑呢？

或许是权责没有分清楚，没有厘清家长和老师的职责、家长和孩子的职责。

如何复习备考，应该是以老师为主的，相信老师的节奏和步伐。家长要做的不是监工和助教，而是检查一下孩子是否完成相关作业，积极配合老师就足矣。至于网上流传的那种带着孩子花式复习的文章，诸如交叉复习、思维导图复习等，我只想说：父母不是老师啊！把家长当专业老师要求，是一种越界。

家长要做的是协助检查孩子作业和复习的完成情况，让孩子像往常一样按时作息，消除孩子考试的紧张情绪。

家长和孩子的职责也一定要厘清，考试的主体是孩子，要让孩子自己学会去负责。

可以从开学第一天就告诉孩子：“学习是学生的职责，就像工作是父母的职责一样，所以你要对你的学习负责，但我可以帮助你。”不要小看孩子，即使是六七岁，才上一年级，他们也能听得懂这些话。关键是家长弄清楚了到底是谁的职责，不要再搞错主体，一再对孩子说“你给我好好学，你给我好好考！”每个孩子都有向上的动力，相信他们可以对自己的学习负责，可以对自己的成绩负责。

学习的功夫关键是在平时，要每天认真复习，写好作业。

很多人觉得陪写作业简直是一道“送命题”，但我觉得其实是一道“伪命题”。因为这个概念就混淆了主体。作业是孩子自己的，不用你“陪”。

如何做到不陪写作业，又能高质量完成作业呢？

首先，一定要把作业的主体、责任还给孩子，让孩子学会自我负责。父母一定要明确地将这个观点告知孩子。

家长不用在一边盯着孩子写作业，可以在客厅安静地看看书、做做自己的事情，而不是玩游戏看手机。在孩子一眼能看到的地方，让他也感到另一种形式的陪伴，有大家各司其职的责任心。

记得浩仔小时候，一天早上才发现忘记写作业了，我马上“幸灾乐祸”：“太好了，等着挨老师批评啊！”倔强的他马上写完了。此后他就很少再拖拉作业了。从一年级到五年级，基本上都是他自己完成作业，我们签字确认即可。

家长要敢于放手，如果孩子真的忘记了，就真的不提醒他。每个孩子都是向上的，如果他因此被老师批评或扣小组分数，他一定会记住教训，下次绝不会再犯。而且也能明白别人“指望不上”，他只能靠自己。

其次，我们可以做一个好的协助者，帮助孩子养成良好的学习习惯，教会孩子使用学习辅助工具。

协助孩子养成良好的学习习惯，如放学回家先写作业，写作业要保证效率和时间。可以提前和老师沟通一下，如果老师告知作业是需要在半个小时内完成的，可以让孩子自己计时完成。

教会孩子使用学习工具。浩仔没有上过学前班，一年级刚开始学拼音汉字的时候，也总想让我告诉他笔顺和正确的读音。我们很小就教会他查字典，家里备有新华字典、成语词典、汉语大字典。字、词、读音、笔顺，孩子都可以通过自己查阅获得，记忆更深刻。而且，很多字、词、读音、笔顺都和我们小时候不一样了，父母没准会教错。所以不如交给“字典妈妈”吧。某个英语单词不会默写，某个数学定理没有搞懂，我们一定会让他自己先去翻书查阅。只有在他实在找不出来时，我们才帮他。

如果孩子不会做题是因为知识点没搞清楚，可以先让他翻阅课本，知识点都一目了然。如果孩子读不懂题意，家长需要帮孩子解释清楚题意。

随着年级升高，我们教会了孩子打字，学会使用搜索引擎查找自己需要的知识。

再次，培养孩子的专注力，学习效果最重要的是在课堂上，在于孩子的听课效率。如果孩子课上很专注，下课会减少很多无用功。所以，要及时跟老师沟通孩子的上课情况：有没有听着听着就走神分心，有没有跟着老师的问题举手回答。在课堂上很积极、爱探究，有较高的专注力，学习就不会太差。

在日常生活中，当孩子专注于作业时，妈妈不要一会儿送个苹果，一会儿热一杯牛奶，一会儿想着是否在玩游戏，而跑过去打断他的思路。

写作业前，提前将电子产品拿开，将喝水、撒尿等事儿提前完成，让他有一个专注的作业时间。孩子平常看书也尽量少打扰。让孩子学会专注去做事，专注去听课和学习。

最后，父母要做一个敏锐的观察者，发现问题及时解决，防微杜渐。

虽然不管孩子写作业的过程，但在家长确认签字的环节我们是非常认真的。分清他作业出错的原因，是知识性错误，还是粗心马虎。知识性错误可以让老师解决，粗心马虎需要马上提醒解决。

记得数学开始学三角形时，他有一道题错在没有搞懂锐角和钝角两个知识点。我在签字检查中发现了这个错误，但并没有指出来。知识点没有理解，要么是上课没有认真听讲，要么是没有完全掌握概念。如果老师发现他没有掌握，会进一步给他解释的，由老师来指出错误并解释清楚，孩子会印象更深刻，记得更清楚。而对于一些纯属于马虎造成的问题，我就会指出来，浩仔马上就会改过来。

同样，在试卷确认签字的时候，我们也很认真对待，一起总结归纳扣分原因，便于下次改正。

浩仔的英语成绩一直都还不错。四年级时，我检查了他的几份英语试卷发现稍微有点儿问题，扣分点都在阅读理解上，就第一时间和老师沟通，加强英语阅读，坚持英语分级绘本阅读。

从孩子第一次考 90 分，父母就要留意，是某方面知识点没有掌握，是最近情绪波动，还是别的哪里出了问题？切莫等到孩子考了 60 分，才想起来需要关注和补救。

在行动上，家长把问题解决在平时，注重培养孩子的自我学习习惯和行为。问题导向，做孩子成长中细致的观察者、问题解决者，在发现问题的苗头时就及时解决。

在思维上，家长需要把眼光放在未来，从潜能（阅读的底子）**、技能**（能自食其力）**、才能**（拥有兴趣爱好）**上长远地去考量一个孩子的成长。**

因为工作缘故，我接触到很多优秀的家庭培养出的成功的孩子，有的孩子虽然有国内外名校加持，但毕业后选择的却是跟自己兴趣相关的工作，有的虽然是很普通的工作，但不影响人生的幸福感。我也见过一些名校毕业的孩子，却成为啃老一族，一辈子都不想工作。

所以，如果放眼未来，放眼孩子的一生来看，好成绩固然重要，但培养持久的兴趣爱好，让阅读贯穿成长的始终，养成好品行和习惯，让孩子具备学习能力和自我负责的能力，这些都更重要。

小学低年级是孩子全面发展的关键期，应该让孩子广泛接触、发展多种兴趣爱好，搞好校内学习，不用把时间和精力耗费到额外的学科学习上。

兴趣班如何选
奥数班报不报

不得不说现在家长都太拼了，拼得都有点儿过了。从一年级开始，一些家长就给孩子在辅导机构报了语数外三科补习班，到中年级有的孩子都报两个数学班了。

学习是长跑，学习的持续性和后劲更重要。不需要走一时的捷径或拼命加压，而应踏踏实实走好当下每一步。这需要家长保持一份内心的坚定和坚持。

我们在四年级之前没给孩子报语数外任何一门的课外学习班。因为觉得没有必要上，而且我对孩子的能力很自信。

语文一定不是靠辅导出来的，而在于平时多阅读，广泛阅读可以为语文学习打下良好的底子。事实上，有很多孩子从小就在机构上语文辅导班，到考试依然六七十分。这就有一些舍本逐末，机构可能会教方法和技巧，但自己没有广泛阅读，都是空谈。

英语学习遵循听说读写的顺序：首先，在家多听感兴趣的教材；其次，家里缺乏说英语的环境，我们就给浩仔报了一个网络口语对话班，练习听说；再次，坚持阅读英文绘本；最后，按学校老师要求进行写作。英语也可以在家完成自学。

数学，我个人的经验也是没有必要低年级就报班。在低年级，孩子对很多数学概念都还不太清楚，学习奥数的意义并不大。如果真的想报班，也要先保证校内数学的学习和分数，而且很多奥数班都是一种内容和算法的超前学习，这种方法过早接触，是否也会损害到孩子的思维呢？这是我个人的疑问。

浩仔四年级时才报了一个数学班。刚开始上课时，他一会儿想到一种方法问一下老师，一会儿另一个想法又出来了去找老师。我觉得是因为他的思维是发散性和灵活性的，没有过早地学会这种“定式”思维。即使一直都没学过，抱着试试看的心态参加了迎春杯数学大赛，他也获得了四年级组一等奖的成绩。

在生活中，我们一直注重对浩仔数学思维的培养。我们经常玩各种益智类游戏，魔方、九宫格、IQ 卡小汽车等。

6 岁之前，我们经常玩一些启发孩子思维的数学游戏，讲一些数学故事。上学之后，浩仔也开始了广泛的专业的数学思维相关书籍的阅读。这些书都非常有趣，适合小学生阅读。如果广泛阅读此类书籍，数学辅导班更没有必要很早就开始上了。

我整理了浩仔看过的数学类图书，发现也有几十本了。李毓佩教授所著《数学童话》系列适合小学低年级，他的《数学故事》系列，适合小学高年级；韩国郑玩相著《有趣的数学法庭》系列，非常有趣，浩仔自己觉得几年级都可以读；英国卡佳坦·波斯基特著《可怕的科学》系列，我们阅读了其中的“经典科学”和“经典数学”系列，浩仔非常喜欢。

最近，浩仔阅读的是趣味科学方面的图书，韩国小熊工作室、弘钟贤绘的《科学实验王》，浩仔共阅读了 43 册。

推荐给家长一本韩国全平国教授著的《10 岁前，培养孩子的数学脑》，关于如何培养孩子的数学思维写得比较详尽。书里有一句话给我的印象最深：“女儿能考上麻省理工学院，不是因为她多聪慧，而是因为她具备良好的自我管理能力。”

此外，如果孩子开始学习奥数了，一定要及时观察孩子的学习状态，及时帮助他解决问题。

虽然被一位妈妈夸“你是我见过的唯一能辅导孩子奥数

的文科生”，但其实我带娃上课，都是坐在后面看小说的，只听到自己感兴趣的部分才会很认真学一下。

我会观察孩子的状态，看他的眼神是否专注，脑和手是否跟着老师的讲解走。课后孩子不会的题，一起看答案研究探讨。我虽然不太懂具体的解题过程，但大体的解题思路和方法还是略懂一些。有一次，一道题我俩都没搞清楚，我真是想了半宿，或许半夜时大脑最清醒，终于想明白了。第二天一早就跟孩子聊了这题，我想这种“精神”对他也会有影响。孩子嘛，遇到问题总会觉得麻烦想要放弃，家长需要做出表率，让他看到其实也没那么难，只是需要更多的耐心去做就好啦。

当然，我也只是略知一二，很多不懂的题就立即问老师，老师用微信解答也很方便，马上孩子就能明了。不会的题，想办法搞懂；做错题了，下次要去复习再做，确保完全理解。

我也顺道问了几位孩子学奥数并获奖的妈妈们的经验。有一位也是低年级没有学过，四年级才开始学，他的妈妈总结了八个字“认真听讲，好好作业”。

另一位妈妈表示：“我觉得自己也给不了孩子什么，那些题我看着每道都跟仅供欣赏类型一样。题不会做，那就帮着孩子调整好心态。我觉得陪伴孩子这四年，最重要的是给他鼓励。另外该舍的时候就得舍，孩子三年级时，有一个数学模块觉得很难，就纠结在那里。我和孩子爷爷（数学教授）商量后决定先将这个模块放下。我们告诉他，现在不会过一段时间就会了，今年不会明年就会了，早晚能学会的。孩子顿时觉得压力和焦虑少了很多。结果到第二年，这个模块他真的就会了。”

“谁都有强的模块，也有弱的模块，不可能所有的模块所有的项目都是咱们最强，所以让他能够接受一个真实的自我，我觉得这是很重要的。父母能放平心态，孩子也不会太焦虑、太恐惧，同时也保护了兴趣。”

我觉得她们都是很了不起的妈妈，对孩子的学习没有急功近利，而是用认真的态度影响孩子、用平和的心态鼓励孩子。几个妈妈都说奥数班里总有那种牛娃——不动笔不写过程，直接在脑海中作答，然后填上答案。

我们的娃也都不是这种大牛。但我觉得如果让孩子们发挥了自己最大的潜能，同时也享受到了学习的快乐，就已经是最大的成功了。

另外，小学低年级是孩子全面发展的关键期，应该让孩子广泛接触、发展多种兴趣爱好，多接触艺术、体育、棋类，并从中选择一两项发展成特长。搞好校内学习，不用把时间和精力耗费在额外的学科学习上。

当孩子全身心投入其中时，这种专注会让他有更多的情感体验；这种坚持，更会磨炼他的耐心和毅力，让他体悟失败的厚重和成功的艰辛。

围棋童子功
输赢皆收获

学习一门竞技类特长，特别考验人。比如，棋类竞赛，这盘赢了，下盘输了，一直要“提心吊胆”。但只有在这个过程中，孩子才能真正体会到胜败乃兵家常事。

一天，好友妍向我倾诉：“儿子昨天第一次参加围棋定级赛，从信心满满到后面连输几局，情绪大转弯。我内心也很煎熬，倒不看重结果，就看着他被屠的感觉，心疼。现场还有好多孩子各种哭啊……是我太玻璃心了吗？”

都是从玻璃心走过来的啊。几年前，浩仔第一次参加围棋赛时的场景也历历在目，我比他紧张多了。

唯一的办法就是坚持下去。多失败几次就习惯了，孩子习惯了输赢皆有数，家长也习惯了。我们最需要做的就是帮孩子提高技能和兴趣。

爷爷是围棋爱好者，带动浩仔对围棋有了兴趣，4 岁开始学棋。选择围棋，是为了锻炼思维、练就定力，也是为了让他能看淡输赢。

当时浩仔的好胜心极强。有时走在小朋友的后面，也要赶紧追上去，说："我一定要走到他的前面去，我一定要赢。"

玩扑克牌也是一输就哭。因为我们都跟他玩真的，不会刻意输给他。我跟他开玩笑："爱迪生发明电灯泡，可是失败了一千多次，如果他失败一次就哭一次，那估计他要说'我可没那么多眼泪，浩仔你借我一点儿吧'。"浩仔听完也哈哈大笑起来。"如果爱迪生失败一次、十次或一百次的时候就放弃，那估计我们还生活在黑暗之中啊。"就这样在一次次潜移默化中，他懂得了输赢都正常。

其实，随着孩子练习多了之后，他们的心理素质自然能变强。只是很多家长的心理素质却没有提高。在比赛场外，经常看到家长怒斥孩子"你怎么不好好下！"甚至因为孩子不愿意进去比赛，爸爸在大庭广众之下竟然哭了。

能理解家长的痛苦，因为付出太多，所以负重太大。围棋段位赛都是两天，很多是在郊区比赛，需要网上抢报名额，需要提前预订酒店，需要把周末两天全占用，更不用提之前大量的训练时间。而比赛时，可能输了一盘就与成功失之交臂，这确实让人难以接受。

但你要相信无论下得怎么样，孩子都已经尽力了。他此时最需要的是支持和鼓励。所以，家长一定要心态平和，切莫得失心过重，更不要在孩子输了以后翻脸比翻书还快。

家长心态平和，不要比孩子还输不起。家长最需要做的就是及时跟老师沟通，孩子哪里需要提高，这段时间哪方面薄弱了。如果是死活题差，计算能力不够，就请老师推荐相关的书籍。每天保证一定的做题量，等到做完一两本书，能力将会有大幅提升。

棋风跟性格有关，浩仔性格比较谨慎，导致下棋不爱围攻，只爱自保，下法保守。我们就跟着老师一起想办法，慢慢来，急不得。

另外，假期是提升棋力的好时机。我曾经给浩仔报了围棋夏令营，15 天里和全国高手小朋友过招。

等到打高段位比赛时，因为所在棋院提升能力较慢，我又向其他妈妈请教，找到了一个围棋高手个人开办的机构，进行了假期集训，令他的能力有大幅提高。

最后，将围棋变成了一种生活方式。尽管我不会下棋，但我关注了很多棋坛公众号，有新闻第一时间跟浩仔交流。阿尔法狗出现时，也是适时告诉他进展；带浩仔去日本旅游，也特意带他去东京棋院参观，还买了一副棋盘带回来。我还带着浩仔第一次追星，当世界冠军李世石和李昌镐来北京的时候，我跟棋院的老师联系，报名参加了他们的见面会。见到偶像，对孩子也是一种激励。

我们也会通过购买的杂志和图书来了解偶像的事迹，感受他们坚忍不拔的精神。像《围棋天地》杂志，李昌镐的《不得贪胜》、吴清源的《中的精神：吴清源自传》等书，这些书都给浩仔带来了鼓舞。我觉得围棋会像一个朋友一样，一直陪伴他走下去。

所以，我建议让孩子学习一门竞技类特长，这盘赢了，下盘输了，一直要“提心吊胆”，最终真正明白胜败乃兵家常事。

几年来，在经历了许多的失败和许多的成功之后，浩仔对围棋依然热爱。当孩子全身心投入其中时，这种专注会让他有更多的情感体验；这种坚持，更会磨炼他的耐心和毅力，让他体悟失败的厚重和成功的艰辛。

当孩子有一两项特长时，他会在同龄人中更有自信。很多沉溺于游戏的孩子，可能就是缺少一个让他真正感兴趣的爱好。如果孩子一段时间不喜欢此项兴趣爱好了，可以跟孩子协商，起码坚持半年到一年再决定是否放弃。

书籍是一种最好的“借力”方式，是千百年来人类智慧的结晶。父母个人的经验和能力毕竟是有限的，但如果让孩子站在一个个巨人的肩膀上，他自然会有更广阔的视野。

广泛阅读，孩子成长的根基

前几天，楼上的奶奶从我这借走了一本作文书，说刚上初一的孙女各科都好，就是写不好作文。还有一个朋友的儿子上五年级，作文水平却停留在三年级，把她愁坏了：现在都跟不上，等到初中可如何是好？于是她四处寻找作文补习班。

其实，看作文书和上补习班，可能都只是治标，真正治本的还是大量广泛的阅读。但这些孩子已经错过了阅读的黄金期，现在不爱读书，或只爱浅阅读，深刻的、经典的书籍读不进去。

阅读，真的要从娃娃抓起。浩仔上一年级后的第一篇作文，洋洋洒洒写了150字，用词非常讲究，如“立体迷宫”“小型玩具”“好有意思的旅程”，还记住了“辅导员老师带我们看了三叠纪、侏罗纪、白垩纪三个时代的恐龙”。能灵活运用这些书面语言，源于广泛阅读在他心底的积淀。

“我们家的书多得可以开一个图书馆了。”“我们家的英文书多得可以开个图书馆了。”这是听到的两个低年级孩子妈妈的对话。其实，现在的家长都知道阅读的重要性，特别是年轻父母对亲子阅读越来越重视。但是关于儿童阅读的误区和困惑也很多。经过观察，我总结出了七种阅读误区，分享给读者。

误区 1：“别让孩子抢跑，6 岁之前不要教孩子认字”，这种观点被大肆宣扬

认字不是读书，但读书多了自然就认字了。

两三岁是孩子的阅读敏感期。家长若坚持每天亲子阅读半个小时，长此以往，孩子不仅记住了许多字的“模样”，还记住了跟它在一起的词组，还有它们在语境中的意义。随着识字量增大，孩子对阅读就越感兴趣。坚持亲子阅读，孩子上小学前的识字量自然而然就具备了。

抓住 3 岁阅读敏感期的关键在于找到孩子的兴趣点、并不断强化。浩仔小时候喜欢上《托马斯小火车》系列图书，我们陆续了买了四十多本。每一本他都翻来覆去地让我们读给他听，几乎本本都翻烂了。3 岁多的时候，这些书里的字他就基本都熟识了。如果孩子 6 岁还大字不识，可能是家长在孩子成长过程中“缺席”“偷懒”，给孩子念的书太少。

误区 2：绘本的功效被一些家长过于夸大

绘本阅读在孩子年幼时确实是非常好的启蒙，但一些父母，特别是钟情西式教育的父母，可能过于追捧绘本了，将其功效无限夸大。虽说很多绘本蕴含深刻的意义，但儿童需要的是多方面的刺激，随着孩子年龄增长，到小学中年级了如果还只钟情绘本阅读，父母就要让孩子多接触其他类型的图书。

误区 3：阅读也不能输在起跑线上

一些妈妈生怕孩子落后，给孩子制定了 6 个月、9 个月、1 岁、1 岁半等详细的分月的阅读方案。这有多大的必要性可能还待商榷。对于视神经没有发育好的婴幼儿来说，他们更需要用嘴、手、眼去感触生活，去翻阅大自然这本书。真正的有效阅读是从他们开始反复看某本（套）书开始的。一遍十遍二十遍而不厌，可能会反复要求父母讲很长一段时间。这是他们最大的乐趣，也是真正读书的开始。

误区 4：家长眼中“暴力”“搞笑”等无意义的书绝不让孩子看

“孩子不爱看别的书，就喜欢《熊出没》，到底该不该看呢？”这是很多家长的困惑。大多数成人都觉得《熊出没》内容太暴力，但它为何如此受孩子欢迎呢？我觉得它自然是在某方面契合了孩子们的心理。

为研究一下它们为何深得孩子的心，也为了与儿子有更多共同语言，浩爸就“以身试验”（父爱有没有可歌可泣啊），自己偷看了四五十集《熊出没》。结果也上瘾了，此后常和浩仔一起看，俩人笑得前仰后合。

问他为何如此爱看，浩爸道：“因为我喜欢看里面熊二的憨厚，还有可怜的光头强的倒霉。这个动画片很简单、轻松（之前，他很不轻松地觉得该片暴力呢），看的时候让人觉得很放松。”

好吧，“实践出真知”。但成人的心理毕竟与孩子不同，我又采访浩仔，他说：“我喜欢看《熊出没》，因为光头强很傻啊。傻的才好玩。你想啊，要是一个片里都是诸葛亮，那简直没法看了。”童言里有大智慧啊。浩仔继续道：“我觉得最好看的是，一群傻子和一个聪明人。熊大就很聪明、很冷静，不像熊二就知道吃。”我尖锐地问道：“那光头强呢？他是一个坏蛋吧？”“光头强也很可怜，他砍树是没办法，要给李老板打工呀。”听完，我都隐隐有些感动了。

孩子的思维多简单、多单纯，只有傻人，没有坏人，而只有傻才让他们觉得好玩、觉得真实吧。成人与孩子的思维视角真的不同。就像如今再看《白雪公主》，我会觉得情节怎么这么血腥暴力呢，但年幼时看真没留下此印象啊。

经过此番深入调研，我也放手让浩仔去看这个动画片，去买相关的书。也许我们看到的和孩子看到的真的不同。但这种动画片图书最好不超过所购书的1/3，毕竟还有更多经典书籍需要去挖掘。

不过，我也从中知晓了读书中“愉悦感”的重要性。之后，我陆续带浩仔采购了很多有趣的书，如《玩转脑细胞》《父与子》《我赢了，不，我赢了》《神奇的校车》《吹牛大王历险记》《世界上最脏最脏的科学书》等。浩仔每次都看得咯咯笑。好玩的、有趣的书，在学龄前后孩子的书单上应该占一部分。

误区5：父母独断买了一堆书，却没有让孩子自己去选择

很多家长有这样的困惑：“我从网上买了很多书，但孩子不爱看啊。之前双十一时，我一下就订了两箱，但他都不爱看。”为了让孩子爱读书，父母们也真的蛮拼的。但孩子不爱看，真的又让人很伤脑筋。

问题在哪？你没有带孩子亲自去挑选。

我建议等孩子到四五岁，父母应该带他们去图书大厦购

书，而不是自己从网上订完放到孩子面前。网购是省钱，但不够“省心”啊。

在图书大厦里，各种书都分类齐备，孩子自然容易挑选出喜欢的来，不用担心他们的甄别力。记得浩仔四岁多时，自己对比了两本围棋书，最后说道：“我觉得这本讲得更细，买这本。”对围棋一窍不通的妈妈听从了他的意见。

我们每次去图书大厦，都是从地下一层一直逛上去。地下一层卖的是英文书籍，每次也都会挑选一两本。话说，这些原版图书真心好贵啊。每次我问他：“你确定要买吗?”得到肯定回答后，我就二话不说地买单。

当然，自选之外，父母引领买一些好书也很重要。有时我挑的书浩仔不喜欢，我就会说：“你不喜欢没关系，我买回去自己看，好吗?”结果，拿回去放家里，我没看一眼，浩仔却不知何时对此类书感兴趣，自己翻阅了。

我们可以减少网上自行购书，多带孩子去图书大厦或图书馆，让孩子自己沉浸在阅读的氛围之中，让购书和读书成为一种生活习惯。

误区 6：孩子只偏爱读某一类图书，在阅读上“偏食”，家长却没有重视和纠正

比如，男孩只爱看漫画，不爱深阅读；女孩只爱看公主系列或文学类的图书，不爱看科普类图书。

一定不要让孩子在阅读方面“偏食”。孩子的大脑需要多样的刺激，天文地理、自然百科、文学典故、历史故事最好都能有所涉猎。

从高考改革以后的发展趋势来看，文理不分科，对全面发展要求更高，读书也一定要全面。

误区 7：父母在孩子学龄前特别重视阅读，小学高年级放弃阅读

读书的功利化和焦虑化导致一些家长在孩子小时候重视阅读、长大了忽视阅读。

与学龄前对阅读的重视相反，随着孩子上学之后，父母越来越关注学习，辅导班和作业占据的时间越来越多，孩子自由阅读的时间越来越少。漫画类、作文选等快餐阅读也越来越多。

有一种典型现象，孩子在一二年级时分数都差不多，等到三四年级时差距就较明显。等到五六年级，很多家长更是发愁孩子不会写作文了，甚至理解不了数学题的题意。原因何在？高年级需要全面考察知识储备、逻辑能力、表达能力等。而这跟阅读有相当大的关系，会读书的孩子知识面广泛、逻辑思维能力很强。

所以，即使为了孩子的学习，家长也应该重视孩子的阅读，而不是让孩子一味刷题。同时，在如今这飞速前进的时代，家长的知识储备真的非常有限，读书会让孩子不只接受家长的单枪匹马的教育，而能拥有各种“名师”指导的机会。

读书，短期内或许看不见什么功效，但它会让孩子站在一个个巨人的肩膀上，看得更远更广，让孩子在未来有决胜千里之外的力量。

有了阅读相关的理念，读书的方法有哪些呢？

听过一些妈妈的困惑：孩子也读了很多书，为什么还是写不好作文，逻辑能力和表达能力也一般呢？这可能是没有做到真正会读书。

什么叫会读书？不仅仅是阅读，更是阅读后的思考。读书，应该是“读写”一体的。孩子首先通过阅读将知识储备进大脑，然后转化成自己的思维，最后再表达出来，会读书其实是需要这三方面兼备。

知识储备的过程——广泛阅读多种类型书籍，如文学、天文、地理、历史、科学，等等。

逻辑能力提高的过程——将书中的情节、思想转化成自己的知识、思想的过程。其实，数学应用题的读题、审题也是在考验逻辑能力。

表达能力呈现的过程——包括书面表达，用绘画记录、用文字记录，和口头表达，复述故事、改编故事等。

学会读书之一：如何储备知识？

选择书目种类要全面。可以从孩子感兴趣的种类入手，一步步全面储备知识。对于孩子而言，读书无非几大“趣”：一是感兴趣；二是有趣味；三是更深层的能提升志趣。

从孩子的兴趣点入手，有趣的书有很多。低年龄段的有漫画、无字书、立体书、胶片书、好玩的绘本等；高年龄段的有奇幻冒险小说、科幻作品、科普书等。

找到孩子爱读的书之后精读，反复读。不在乎读得多，而在于读得精。可以采用轰炸式阅读方式，即针对一本书，配合相关音频、视频、不同版本对照，等等，将这本书读透彻。

比如，男孩子都爱车，可以从与车相关的图书《托马斯小火车》《巴布工程师》等开始阅读。这些书里关于友善、相互帮助、勇敢向前的故事，从形象到内容都比较适合小朋友。这些图书还配有英文视频，视频故事又促进了孩子对英文的兴趣。

浩仔幼儿园时期，给他放迪士尼英语不喜欢；放培生英语也不喜欢。爸爸准备自己听的新概念英语，却一下子被他喜欢上。每天放学后，都跟着光盘听，边听还边跟着念：“瓯本豆”（open the window）。在他兴趣将要消失的时候，我们又换一种方式，用 MP3 播放，用手机下载播放，用 U 盘拷进 CD 机里播放。这样，用不同的方式又吸引他了很长时间的兴趣。

浩仔上小学后，手机英语软件《百词斩》出现，他又用游戏的方式斩完了《新概念英语》第一、二册。所以，一直到小学四年级，浩仔都没有上过英语辅导班，但英语学习也还不错。

再举一个高年级孩子的例子。一个小男孩很喜欢昆虫，父母该如何引导他阅读呢？父母可以带领他读《昆虫记》，读昆虫类的百科全书；带他参加观鸟、观虫的活动；可以手绘跟昆虫相关的图画；可以去科技馆等听跟昆虫相关的讲座。从爱上昆虫到爱上百科、爱上科学，爱探究的孩子学习还用发愁吗？

学会读书之二：如何在阅读中提高逻辑能力？

精读，反复读的过程：就是不断深入思考的过程，每次的感受都不尽相同。这是一本书跟自己相比的过程。

同类书籍对比着读：如《中国历史故事》《上下五千年》《中国通史故事》中，对同一历史事件也许会有不同的表述。让孩子自己去寻找答案，锻炼他的归纳总结能力。这属于一本书跟别的同类书相比。

文字与听书的对比：利用新媒体模式，比如喜马拉雅听书里面有很多故事，微信大咖们的公众号“凯叔讲西游”“泡爸讲故事”，对比他们讲的历史故事与历史书上讲的有什么相同或不同之处。浩仔在中国评书网听单田芳老师讲《西游记》《水浒传》，引发了读美绘版《西游记》的兴趣。这就是看和听的相比较的过程。

在这些比较之中，孩子就有了自己更深入的思考，分析归纳、总结思辨等能力都会有无形的提高。

学会读书之三：如何表达出来？

表达包括两个方面，口头表达和书面表达。如今的时代，无论是口头表达还是书面表达都变得越来越重要。可以从读书开始，引导孩子学着去表达。

口头表达：针对低年级的孩子，父母可以用一些夸张的语气激发孩子的表达欲望：“这书真好玩啊，里面的某某怎么样……”“我觉得这本书里面的某某怎么样，你觉得呢？”还可以根据故事自己再加工，进行改编。

浩仔小时候，在去幼儿园的路上，我们曾每天一人编一集《新龟兔赛跑》，一共编了40多集。包括走水路比赛，乌龟驮着兔子，相互帮助；走山路比赛，乌龟把头缩进壳里从山上滚下来，速度比兔子快，等等。编故事其实不难，只要父母保持一颗童心，和孩子一起脑洞大开。

书面表达：用文字或图画的形象将书中的内容展示出来，记录下来。比如，现在孩子很流行的做“手账”。

家长还可以引导孩子将图书的主要内容摘录整理出来，就书里内容出题给家长答（孩子比较喜欢当小老师）。等孩子大一些，可以引导孩子从口述到记录。比如，从朗读一本书，到口述书里的美好的词句，到表达读这本书的心得或者跟这本书相关的感受，然后再把它整理成一篇文章。

另外，读杂志是读书的一种补充方式。杂志阅读更碎片化、更专业、更全面。

总而言之，我觉得读书是一种过程：全方位阅读（广泛阅读，孩子感兴趣的部分精读）+大脑整合逻辑思维+表达记录。读书就是让孩子在玩中读、读中玩，让他读的更有趣、更畅快、更通透。

当接触到很多老师、校长之后，我才知道在语文课堂上有专门的“主题阅读”。类似于我自主总结出来的“轰炸式阅读”，很开心和他们不谋而合。

其实，我一直觉得家长本身从事的职业也是一种很好的资源。家长可以以职业为契机，引领孩子开启相关方面的活动和阅读。比如，我的一个朋友是科普工作者，他利用各种机会带孩子结识许多科普作家和画家，如今，这个孩子已经出版了一本科普绘画图书。

如果放长远了看，家长也一定会多给孩子一点儿广泛阅读的空间。阅读必定会助力未来的学习。你会发现语文差的孩子会读不懂数学题，未来也可能读不懂化学题、物理题。

我一直铭记着北京市语文学科带头人王学东老师文章中的一段话：“语文素养的提升就像一棵大树的生长，需要环境（家庭）给予充足的阳光、水分，更需要大树自身（孩子）的根系努力地汲取土壤里的养分；‘合抱之木生于毫末’，我们不清楚哪一天阳光的照耀让它长高了一厘米，也不清楚哪一天的雨水让它长粗了一公分，但是我们知道它长得参天离不开一天天、一月月自然界（家庭）的滋养，就是这样的日积月累，一棵大树（孩子）必将参天。”

孩子的成长也是如此，不要企图寻找速效的方法，需要的是日积月累。日常点点滴滴的灌溉和滋养，才能使他们最终长成参天大树。

附：推荐给低年级孩子们的趣味图书

科普图书：好玩相对简单的《第一次发现系列》，好玩相对难的《神奇的校车》；聪聪科学绘本：物理篇、物质篇、自然篇；DK少儿科普书系；BBC科普三部曲系列。

数学图书：李毓佩教授的《数学童话》《数学故事》系列。

海洋知识：《海底100天》《海洋深水探秘》。

文学图书：《吹牛大王历险记》《格列佛游记》《木偶奇遇记》

《八十天环游地球》《“下次开船”港》《海底两万里》《鲁滨孙漂流记》。

绘本：《我赢了，不，我赢了》《猜猜我有多爱你》；小兔汤姆系列；14 只老鼠系列。

传统文化：《传统节日图画书系列》《故宫里的二十四节气》。

历史图书：美绘版历史故事系列《三国演义》《西游记》等；《中国通史故事》等。

这个书目主要是告诉大家要有分类阅读的意识。如果学龄孩子家长需要详细书单，可以网上查阅参考清华附小窦桂梅校长推荐的阅读书目。

本书中你最难忘的句子是：
××××××××××××.
——《最爱的是我》
宫西达也
浩仔，你为什么总写一本书里的句子？
1.
因为这本书很温情。
2.

希望孩子拥有健康的身心体魄，在未来能用坚韧的精神去面对生活中遇到的各种问题。

成长路上，坚毅比聪明重要得多

每年的钢琴考级都让人那么难忘，要么在酷夏，要么在寒冬。

记得那次考级，中央音乐学院里不再似暑假那样专门设有家长休息室，家长们分散在各个避风口，缩着脖子，目不转睛地盯着考场出口。琴童不易，家长也不易啊。

二级、三级、四级、六级，音基初级、中级，浩仔从一年级开始学琴，一路走来，真是犹如过山车，想放弃再坚持，又想放弃又坚持住了，状况百出又最终化解。

放弃是一件太容易的事了，而坚持却是要有付出的意愿和吃苦的决心。

从小到大，听过太多人夸浩仔“聪明”，说他就是那种“别人家的娃儿”，但我觉得“别人家的娃儿”是一个伪名词。

其实，每个孩子都可能是别人家的娃。现在很多孩子都

各有所长，父母不要用自家娃的短处去和别人的长处比。你要做的就是观察和挖掘孩子的特长，把孩子的长板不断加强，他自然在某方面也是“别人家的娃儿”。

另外，别人家的娃儿背后都有“别人家的父母”。家长所从事的职业属性、个人的性格特征、兴趣爱好等，都是一种教育资源。孩子的某些突出的地方，一定有意无意地受到了家长的影响。比如，有朋友从事科普方面的工作，他就经常带孩子参加各种科普活动、结识科普专家。孩子这方面的发展，其实就是家长职业资源的影响和利用。所以，你要相信自己也是“别人家的父母”，需要将你自身的教育优势发挥出来。

最重要的一点是，不要只看见别人家孩子的光鲜，那背后也是一部曲折的“奋斗史”或是“血泪史”。光鲜路上的几经波折，都是靠父母和孩子强大的心理作支撑。

在一个孩子的成长路上，比起天赋和聪明，他付出的耐心和坚持更重要。

浩仔目前看来有一些小成绩，与他具有坚毅的品质有很大的关系。从小，我们最在意的就是让他有健康的体魄和坚毅的品质，经常带他去爬山，而且每一次都要登顶，徒步到头。

爬泰山时，我没有坚持下来，浩仔和爸爸一直爬到顶，下山时天已漆黑，我想会是他很难忘的回忆吧。

我最难忘的，是浩仔二年级时带他去宁夏沿长城遗迹徒步的事儿。活动组织者设置了15公里的徒步路线，每个孩子自愿参加，可以徒步也可以选择坐车。

当时地表温度估计有40℃了。第一个5公里走下来，很多孩子就直接放弃了。到第三个5公里时，浩仔所在小组就剩他和一个初中生男孩。

那条路四周都是黄土，偶尔有几棵叶子稀疏的小树，前后都没有人迹，只有脚踩着沙石发出的声音。我和浩仔每次都把下一个树荫当作目标，途中讲了很多坚持不懈的故事，分享了我们剩下的最后一点水，最终顺利走完了15公里。

现在回想起来，徒步在空旷的杳无人迹的路上，还真的是一种很奇妙的体验。对于8岁的浩仔而言，留下的回忆是“我觉得后背要着火了，从头到脚都热，感觉要被热死啦！”但当时他明确表示：“这次最难忘的就是走完了15公里啊！下次我还要参加这样的夏令营！”虽然我只想去海边悠闲地吹吹小风，但还是会继续跟随浩仔的脚步，陪他走好每一段路。

爬山要到顶，爬长城要到头，徒步要到达终点。有始有终、坚持到底，这种精神会影响孩子做很多别的事情。

比如，一次钢琴考级前，因为准备的时间太短，最后几天，浩仔每天都要练琴四五个小时。在家练时，食指裂了一个口子，贴了一块创可贴继续练；在琴房练时，先自己弹一两个小时，老师再来指导一两节课。最初，浩仔觉得这次考级毫无希望了，老师帮他分解了每天的目标，还教他用技巧记谱。爸爸让他画正字记录练琴次数、按时间导向和目标导向来分解练习，练完琴后奖励玩五到十分钟游戏。各种办法加上他的认真练习，终于让浩仔突破了自己之前练琴的时间极限。

这种体力的超越和心理上的突破带来的改变，极大地激励他相信坚持、坚韧的力量。

前段时间有一个很火的“坚毅”理论，也从科学的角度解析了坚持的意义——从全球顶尖大学的招生标准来看，招生官们都希望录取的学生勤奋、有天赋、可以长期坚持某一项活动并保持热情，这些品质被称作“坚毅”。宾夕法尼亚大学心理学系副教授安吉拉·达克沃斯认为，一个人能取得多大成就取决于两件事：天赋和努力。她将此总结为两个公式，天赋 × 努力 = 技能，技能 × 努力 = 成就。也就是说，想要孩子成功，坚毅努力的重要性远超过天赋。

像我这种普通的妈妈，可能没有想得那么长远，只希望一个男孩拥有健康的身心体魄，别有“骄”“娇”二气，在未来能用坚韧的精神去面对生活中遇到的各种问题。

家长要有一颗“公心”，相信老师的不偏不倚，自己也做到不存偏见，不过于计较，遇到问题解决问题，让老师有更多的精力用在教育教学上，这一定是对孩子最有利的事儿。

家校合力，从尊重和信任新手老师开始

“班里有几个爱折腾的家长，有的觉得老师缺乏教学经验，有的觉得老师批评了自己孩子，对自己孩子不够好。他们动不动就要找校长，吵着要替换老师。其他家长都不同意，现在班级群里吵翻天了。”

“我们班的班主任刚毕业，课堂上根本管不住孩子。我们家委会的家长们准备每天轮流去教室值班，替他管调皮的学生。”

如果不是家长们在微信上的倾诉，真不敢相信，老师并无师德错误，只因为是新手，稍微缺乏教学和班级管理经验，就要被家长要求直接替换或进行课堂监督！这些家长明显越权了。

如今家校之间联系越来越紧密，家校合作也越来越默契，但很多家长对新手班主任、新手任课老师不太接纳。但是，正如每年都有新生入学一样，每年也都有新手老师入职啊，

每个班级都有可能迎来新手老师。

家长到底应该怎么看待学校，看待新手老师？我总会把北京小学李明新校长的一篇稿子《家教观念得“扫盲”》转发给这些家长朋友看。

李明新校长在文章里给出了非常专业的回答：“家长的学校观要扫盲。这里的学校观，就是指家长怎么看学校，尤其是怎么看现代学校的功能与价值。

有相当一部分家长仍然抱有陈旧的观念，认为学校只是个学知识的地方。其实，家长应该首先认识到学校是个专业组织，是个专门的机构，是通过教育这一专业方式使一个孩子在校园的集体生活中得到全面、和谐、健康、快乐的发展。

所以，家长应该围绕着学校的办学理念，献计献策，形成教育的合力。在这方面，目前还是存在问题的。比如在有的学校，有的家长嫌弃新工作的老师太年轻，要求换有经验的老教师。

站在专业管理的角度，老师是学校整体育人者中的一分子，学校最清楚安排哪位老师教某个班才是最合适的。更重要的是，教师对于学生的影响不仅仅在于教授知识，更重要的在于用智慧培育智慧，用思维启迪思维，用心灵温暖心灵，育人才是教师专业的全部。”

作为一名家长，我非常认同李校长的观点。学校、老师

和家长的目标是一致的，要形成合力，特别是家长一定要信任和支持老师。

首先，家长要相信老师是公平公正的，一视同仁的。也许有的老师会稍微喜欢某个孩子，但绝不会故意针对某个孩子。

浩仔一年级入学后，班级学号是“13”。当时，我的第一反应是“怎么这么巧，这么不好的数字就安排给我家娃了呢?”但转念一想，老师肯定不是故意针对谁的，就是随手排的号吧。再说一个班级里，总要有人当13号啊。当时我就释怀了。此后，13频频出现在浩仔的各种试卷和作业本上。我还会感觉有一点儿怪怪的。但我从未对老师和浩仔提及此事。直到五年级，浩仔在一本数学书上看到西方人觉得13不吉利的文章，他惊呼：“原来13这么不好啊！这么多的悲剧发生都跟13有关啊。妈妈，可是我的学号就是13啊！”我哈哈大笑，回应他：“那恭喜你啊，撞大运了啊！碰到一个独特的数字。你这13号不也挺好的吗？也没影响你学习啊。”他也马上释怀了，没再多说。

“凭什么让我孩子坐在靠暖气这边啊，多上火啊！”“为啥有的人值日跑了，我孩子次次都多打扫。老师怎么不管管！”“凭啥我的孩子就要跟学习不好的孩子一块儿坐啊！老师怎么能这样安排！”

这些都跟“不吉利的13”类似，一个班里总要有人去稍微吃那么些“小亏”，其实对孩子影响并不大，家长千万别认为老师是故意针对你家孩子，认为老师不公。老师要么是无心、未留意，要么这是她特定的一种班级管理计划。当老师并无师德过错时，家长要信任老师的做法。

其次，家长不要对年轻老师心存芥蒂，相信学校的管理安排，给予新手老师更多的理解和包容。家长的支持和鼓励，会让他们更快地成长。如果觉得老师哪里做得不妥，可以私下交流。

给新手老师一点儿成长的时间和空间，随着经验的积累，他们的能力是绝对可以提升的。而且，有利就有弊。新手老师会更富有朝气和责任心，没准儿在班级管理上弱一点儿，在教学上会更胜一筹，会让一个班级更有活力呢！

像浩仔他们班，四年间也换了四位语文老师。有一位年轻的语文老师，很多家长觉得她没有之前的老师有经验，对孩子的书写没有前任老师那么重视。但反过来一想，这个年轻的老师也给了孩子更多的自由。其实，每个老师都各有优点。

再次，遇到问题想办法解决，不将问题激化或升级。

比如，之前那个朋友觉得老师不应该在群里批评自己的孩子，完全可以私下和老师沟通：可不可以不点名，以后私

下多交流沟通。

比如，我个人觉得书写非常重要，可能新来的这个老师没有那么重视，我就自己给孩子在外面报了一个书法班。我们的课外阅读也继续跟上，保持阅读的习惯。孩子的语文成绩也并没有受到影响。

“我的言行，会给孩子带来什么样的影响？”家长一定要多思考这个问题。如果家长坐在教室后面，想要帮老师监管，班里学生会怎么想？如果你是这个老师，你又会怎么想？

说到底，在家长的权力越来越大的今天，我们可能真的要给予老师更多一点儿的包容和理解。

家长要有一颗“公心”，相信老师的不偏不倚，自己也做到不存偏见，不过于计较，遇到问题解决问题，让老师有更多的精力用在教育教学上，这一定是对孩子最有利的事儿。

CHAPTER 6 · 第六章

成长型父母之
逐步放手者
（10 岁 +）

从牵着小手，

踉踉跄跄蹒跚学步，

到长到与我们齐肩并行，

到最终他们独自奔向远方，

父母逐步地放手，

是给予孩子最深的关爱。

不用去追他们的背影，

因为你知道他们具备了远行的能力，

因为你知道一个更广袤无垠的世界，

在等着他们。

妈妈和这个女明星哪一个好看啊？
她好看！
1.
嗯？！
妈妈好看！
2.
嘿，你咋不让孩子说实话呢！
谁不让说实话了啊。小伙子，没事，你心里咋想的就咋说！
3.
那还是她好看！
……
4.

余光中写给未来女婿的那篇《我的四个假想敌》创作于1980年。他觉得“在父亲的眼里，女儿最可爱的时候是在十岁以前，因为那时她完全属于自己。”近四十年过去了，父母对子女的那份心还是一样，期望他们长大又怕他们远离。

不如偶尔畅想一下“假想敌”，以便日后放手更轻松吧。默默做好这个心理建设：总有一天，你的目光将不再关注我；总有一天，你的世界将大到没有我……

你是从什么时候开始“变心”的

小时候，你只要一见到我，就会眉开眼笑，挥着手冲我傻乐。即使旁边有再漂亮的美女，你都视而不见。不管在任何地方，什么时候，只要我在你身边，无论多烦躁，你也一定会安静下来，对我露出天使般的笑脸。这时，我会猜想，你一定觉得我是世上最美丽的女人吧。

再后来，你上幼儿园了，总是喜欢拽那个有一对可爱兔牙的小女孩的辫子玩。你会问我：“我想把这本小人书送给豆豆，可以吗？”天知道，这是你多么珍爱的一本书，你都不随便让人动，包括我。可是看着你无邪的大眼睛，我依然笑着点点头。然后你心满意足地继续玩你的玩具。我知道，从这个时候，我便不再是你眼中唯一美丽的异性了。

上了小学，你会认识各种出色的女同学。她们就像一朵朵斑斓的花一样，在你成长的旅程里洒下芳香。有的你会觉得可爱，有的你会觉得善良，总会有一个在你的心底留下影子，也许你会期待能天天看到她的笑脸。而你将不再会像小时一样，盯着我的脸笑逐颜开。你的目光将只在我的身上一扫而过，在我的心中留下一声轻轻的叹息。

上中学后，你将面临再一次成长，将成为一个真正的小伙子。你会有毛茸茸的小胡子，你会有高高的个子，也会有你自己的审美眼光。从此后，你会更注重自己的仪表，你会对我的穿着打扮有自己的见解和看法。当你说某某的妈妈穿得可漂亮时，也许我的心会一沉，但我会在你面前尽量注意自己的形象。也许你会有少年维特的烦恼，我期待你能依然对我吐露心声。我会以一个朋友的身份告诉你，在还不能对自己的身体和心灵负责时，将目光放到更远的未来。

直到走进大学校园，另一个五彩的世界将在你眼前绽放。你会经历人生许多的第一次，也许是第一次离家，也许是第一份家教。你会快乐，也会烦恼；你会迷茫，也会觉醒。这样的你将会有更厚重的阅历和更丰富的心灵。也许你会十天半个月不和我联系；或者对我殷切的追问回答得漫不经心。也许你会开始一场全身心投入的爱情，在甜蜜的折磨中而忘我。我会笑着说："看，你真的长大了。"但请允许我，在闲暇时翻出你小时候的照片或你的旧衣服，坐在阳光下发一小会儿呆。

哦，宝贝，这些都只是妈妈的猜想，写下这篇文章时你才刚过 1 岁。但我知道，总有一些事将会沿着我的想象去发展。

在你成长的过程中，妈妈将会很俗气地失落，因为她将慢慢淡出你的视线。大多数的母亲，都会因为对孩子的爱过于浓烈，将自己淹没，被孩子依赖和需要的那种幸福太甜蜜了。而对于日后的隐患，又隔着长长的岁月，蒙蔽了母亲的双眼。

真正的母爱，是一场得体的退出，适时的放手。

孩子有孩子的人生，父母有父母的人生。父母只是陪伴他成长某个阶段的朋友，终有一天他们会有不同的轨迹。

养育孩子，只是为了，有一天他能更好地离开自己。但孩子，无论你的世界有多大，即使大到没有我，请记得，在我的心底最柔软的地方依然放着你。

妈妈，感谢你，
你去年吼我是30分贝，
你今年吼我是20分贝。
10 20 30 40 50
dB

天下没有完美的孩子，就像没有完美的父母一样。

但你并没有要求我成为“完美妈妈”，而我却总在有意无意想打造出一个“完美小孩”。即使孩子对父母有要求，他们也会用鼓励的方式去激励你、包容你。大人不比孩子高明，孩子常常让我们汗颜。

放弃改造一个“完美孩子”

亲爱的儿子，真不敢相信你都9岁了。你是什么时候长到齐我的肩高呢？错了，刚搂着你比照了一下，你的小脑袋已经顶着我的下巴啦。

翻看你9个月时的照片，那流口水的可爱模样在我的大脑中已然模糊。来不及感慨时间的流逝，只是暗自想再过一个9年，你又会长成一个我全然不识的翩翩少年吧。

记不住你曾经的模样也没关系，因为那些陪伴的时光已烙印在心里，因为母子之间深深的情感链接一直都在。

亲爱的儿子，我给你写过很多的感谢信，全然表达为人母的喜悦和欣慰。可是，如今，我却不得不写一封道歉信，因为这份链接出现了罅隙。

几天前，你第一次发那么大的脾气，猛地关上房门，气鼓鼓地说："妈妈，我再也不想理你了！"到临睡前，我向你道歉，你依然不接受："我不原谅你！"虽然第二天一醒来，消气之后的你主动说："妈妈，我的牛排要五分熟。"

亲爱的儿子，感谢你勇于表达自己的不满和怒气，让我深刻地进行了反省。起因是那天做作业时，我一连三件事批评了你，先是说你的数学马虎，"以后试卷没达到 95 分，我可不签字啊！"接着，因为你背语文书时，不愿意多读几遍，总想一遍就过，结果总是出错，我又说你"做事太不踏实"。后来，又指出你的一些写得不工整的字，要求擦掉重新写。

于是，你爆发了，大吼大叫。

"要仔细要踏实要认真……"，这些话我说的那么自然，像很多父母一样怀揣"我是为你好"的想法而对孩子提出各种要求，却全然没有想到这么多否定会打击你的自尊。

这么多的要求和批评，是希望你能更"完美"。恰巧看到朋友圈有人抱怨老公"动不动就要改变我，凭什么改变我，气得头疼"。我们痛恨被他人改造，可是我们对孩子的改造却仿佛天经地义。

曾和数位认为自家娃是完美小孩的朋友开玩笑，"等着看吧。非小学，无以论人生"。曾经怎么都看不够自家娃，等上学后妈妈的口头禅却成了"你看看别人家的孩子"。因为孩子被放到一个评价体系之中，家长期望他要学习好、身体好、品德好，要成为一个优秀的学生，起码是一个比大多数人强的状态吧。

这份比较之心，会让妈妈变得焦虑不安，让她丧失作为一个母亲对孩子本能的爱，一旦孩子达不到要求便会成为“河东狮”。在攀比和幻想中，妈妈总希望孩子再好一点儿，再好一点儿。于是，妈妈会用严格要求，用批评和喋喋不休，为自己的发脾气披上“爱”的外衣。以至于，我见到很多妈妈加入一些机构的“戒吼”活动之中。

其实，孩子的成长本身需要过程，并非一蹴而就，母爱就体现在这种耐心等待之中。

况且，我都不是一个完美的妈妈，为什么要幻想有一个完美的孩子？一方面是因为妈妈的过高期望，另一方面是因为妈妈处理情绪的能力欠缺。如今的时代，妈妈们都肩负各种压力，有时并非孩子的过错，但妈妈却没有控制好自己的情绪。

亲爱的儿子，我很感谢你有勇气表达自己的不满，又因为对妈妈本能的爱，而自然地原谅妈妈。

我想，我不仅仅需要转换表达方式，更需要对你有足够的耐心去接纳你。如果缺乏爱的本能，各色教育理念都将无效。真正的爱——是如你所是，而非如我所愿。关心你胜过打造全新的你。

感恩节时，我提议相互说说感谢的话吧。你沉思片刻说道：“妈妈，感谢你，你去年吼我是 30 分贝，你今年吼我是

20分贝。”机智如你，包容如你，这番话顿时让我愧疚不已。

孩子，我愿意去反省、去改善，因为我希望这份情感链接坚固如初。

一个母亲，不应该带着愧疚之心养育孩子。没有完美的家长，也别幻想有完美的孩子，我们只需用平和平静之心去滋养孩子。

母亲这个角色，最能将一个人的本色完全暴露。因为你的一举一动对孩子影响最大，因为你最可能会把孩子当成另一个自己去打造。思量一下，这种打造里有多少是你自己未实现愿望的转嫁?

而我自己的理想又被尘封多久了呢?那天，你问我:“妈妈，你的理想是什么?”

“成为一个作家。”

“什么叫作家呢?”

“就是能有一本或几本有影响力的书出版吧。”

“那你加油吧，争取明年出一本吧。”是啊，孩子对父母也是有要求的，但他们更包容，会用鼓励的方式去激励你。如果父母放弃自我的成长，又如何要求孩子实现“理想”?

亲爱的儿子，为我曾那么多次吼你道歉，也感谢你给我再次成长的机会。我会努力做一个不发火的妈妈，用更多的耐心去接纳你，并且以身作则，和你一起成长。

妈妈，你这样不理智，
怎么能教育出一个好孩子
来呢？

追求愉悦感是儿童的天性。当孩子处于一个自由度高、接纳度大的环境和氛围之中时，他会展现出一种高能量的状态：内心饱满，富有力量，思维敏捷，风趣幽默。

春风十里，不如幽默似你

清明节前，看天气预报将有雨有雪，跟浩仔说起了杜牧的《清明》一诗。

结果他说道："妈妈，你读得不对。正确的读法是：清明时节雨，纷纷路上行人，欲断魂。借问酒家何处？有牧童，遥指杏花村。"

他说完之后，我仔细回想了一下，这断句还挺是那么一回事儿。浩仔同学就是这样一个随时随地都在玩"无厘头"的小孩儿。基本每天回家一见面，他第一句话就是"妈妈，我给你讲一个笑话啊。"

有一天浩仔突然感慨道："我觉得，做一个没脑子的人挺好的。"这一本正经的表情，莫非是遇到啥事儿了？我正担心，浩仔继续说："没有脑子，就不用担心被僵尸吃掉了啊！哈哈哈！"好吧，是我没脑子。

有时我觉得没那么好玩，他自己却笑得直不起腰来。不过，“帮凶”浩爸基本都能陪着他，因为这些无厘头一起哈哈大笑。

一天早上，浩仔说：“妈妈，我觉得和你在一起很幸福（此处，福发 hu 音）啊。我们班有个同学姓胡，他也很 xinghu 啊。”好吧，来不及想你从哪儿学会的福建话，我就跟着偷偷笑了。

比起“00 后”小人儿没心没肺的开心，当妈妈的总有些琐碎的忧愁。比如，浩仔的磨蹭、不听劝，写完了学校的作业再不愿多写一个字儿。我和浩爸讨论磨蹭的问题。浩爸解释道：“因为小孩子的心都是蓬松的，对事情都很好奇。比如，去刷牙的路上，他就会被什么吸引住，停留……”这种说法让我的心顿时也蓬松了一下。

有一次，浩仔早上赖床。他想睡到 7 点 10 分起床，结果一躺下再睁眼都 15 分了。我只得用他最喜欢的玩笑的方式让他赶紧清醒。“有一个东西没有脚，却跑得比谁都快，而且它跑起来只能向前不能后退，它是什么？”浩仔当然知道是时间了，结果还没等他回答，浩爸就在门外说道：“是象棋里的卒啊。”“哈哈哈，对，象棋里的卒！”他终于笑清醒了去穿衣服。

浩仔爱玩笑不仅体现在无厘头，还体现在爱“损”人（主要是损妈妈）。有一次因为他边做题边唱歌，我发了火，第二天早上心生愧疚地跟他道歉，并在他的脸上亲了一口。浩仔马上道："哎——嘛，不会得禽流感吧！""你，你，你……"

还有一次他得了市里的奖，一个朋友不太明白，在微信里问："这个奖是学校的吗？"浩仔正好在用我的手机，看到了这句话后，叫我："妈妈，有一个叫芳的在黑你啊！"我还很纳闷，朋友咋会黑我呢，看到了她的问题，想到浩仔的话，我也顿时笑了起来。

微信里玩测智商，结果我竟然得了140分，兴冲冲地告诉浩仔。他立马做吃惊状："What？测试的机器是不是坏了啊！肯定是坏了！"

对别人爱"损"，对自己有利的则会振振有词。我一直觉得给浩仔的自由度还是挺大的，觉得他是自由、散漫并快乐着的。

但他还是会觉得权利不够，"家长不能欺负孩子啊，不能以大欺小啊！"我道："嘿，谁欺负得了你啊！我且问你，小孩子欺负家长了，该怎么办？"

他乐呵呵地说："忍着呗！当家长就要忍辱负重啊。"

制定了规划没有完成、使用iPad时间过长时，浩仔振振有词道："这是你的规划，不是我的，要商量了一起做啊！""停！妈妈，我看你要生气了，你要不先冷静一会儿，我们一会儿再聊。"人家很冷静地继续玩游戏，我终于忍不住发火了。结果他质问："你这样不理智，怎么能教育出一个好孩子来呢？"

晚上他睡着了，他的“同党”浩爸语重心长地说：“对孩子而言，自由是最可贵的，其实人人都怕被束缚啊。孩子是非常好的孩子，咱们要信任他啊。”

“另外，你自己做不到的不要指望他能做到。不是有一句话，父母不是孩子的起跑线，而是孩子的天花板嘛。他到你这么大了肯定就能做到了，但你不能要求他现在做到啊。”这话对我有所触动，我一直觉得没有过高要求孩子，但其实还是希望他能比我强。比如，我自理能力差，却希望他能比我强，可是没人教他，他又怎么能会呢？

“亲子关系是最重要的！我真的能接受他最终一事无成，只要多了一个兄弟！”

一事无成也可以，只要多年父子成“兄弟”！好一个心宽的浩爸啊！

“叶芝说，教育不是填满一桶水，而是点燃一把火啊！”

听了浩爸的话，我想，或许妈妈就是这样吧，总是过于“正经”，做事儿总想都走“正途”，收获“意义”，但玩乐或许是孩子的天性，在玩乐中也自会有收获。

“妈妈陪我玩儿啊！”

“不是已经陪你练琴了吗？”

“这个不是玩儿，咱俩没有交流！”

随着年龄增长，浩仔对情感交流的要求越来越高了。

"那我们来玩《最强大脑》里面的莫比乌斯环吧。看看三分之一处剪下来是不是大环套小环，二分之一处剪下来就变成了一个超大环了！"浩仔很高兴，我们一起做环验证。

有时候，我们也会拉上浩爸一起玩浩仔最爱的口算 PK。出题人浩爸拿着计算器，我俩抢答。浩爸偏向他，四比四之后，我答对的他都装作没听见。最后，浩仔想提高难度，挑战三位数乘法，结果两队队员都没算出来，连出题人都忘了到底连加连乘的是多少了……

这个快乐的孩子，每天都在唱着"70 后""80 后"的歌曲，有浩爸爱唱的"谁娶了多愁善感的你"，浩妈爱哼的"夜空中最亮的星，请指引我前行……"还有《最强大脑》的主题曲"最渺小的我，有大大的梦……"

看着他慢慢成长，似乎自我意识越来越强，但你的潜移默化对他依然有着深深的影响。

心生惶恐，孩子在大步前进，而我却在原地踏步。唯有努力，为了与你有更多地共同语言，为了潜移默化地影响到你。

"00 后""10 后"这一代，和我们不一样。他们敢于表达情感、忠于自我和真理、热爱探究世界。他们有一颗鲜活饱满的心，也拥有更丰富的资源，必将走向更广袤的世界。

我们不应该掌控他们，也掌控不了。身为父母，唯一能做的，恐怕就是引导，在繁杂之中，帮助孩子找到所需的各种资源，让他们更好地成长；搞好亲子关系，使孩子无论走多远，总会在某些关键时刻想起“我爸爸妈妈曾经这样告诉过我……”放弃无谓的忧虑，将那声轻叹留在心底，用信任的目光护送他们，相信孩子有自我完善的能力……能做到这些，足矣。

孩子的成长需求拉着他前行，父母要成为推力而不是阻力，要把孩子推向更广更远的天地。

世间所有的爱都是为了相聚，只有父母与孩子的爱是为了分离。

10 年
珍惜做父母的有效期

2 月 4 日凌晨，一众家长还各自守着微信，在群里更新着孩子们航班的信息——飞机晚点了 20 分钟；清晨，家长群的实时航班信息又有了更新——飞机还有 4 个多小时到达悉尼；直到收到带队老师发来落地照片，一颗颗悬着的心才终于安放下来。估计家长们都和我一样，半宿没睡踏实。相反，照片上经过长途飞行的孩子们却个个神清气爽。

报名学校游学时，我感觉还有好几个月挺遥远的。但在期末考试、钢琴考级一通忙碌之后，出发这一天就迎面而来了。

我的不淡定从倒计时两天起就开始了。这娃特别容易丢三落四怎么办，安全问题需要再给他多讲讲，还有一定要多喝水……虽然是跟着学校的老师和同学们一起，但毕竟没有家人在身边，还是第一次自己去异国他乡。但这些妈妈的小顾虑，我都没有表露出来。浩仔也只在临出发前一晚上，感叹了一句："妈妈，我舍不得离开你。"我两三句话安慰过去，他这一点儿小小的离愁别绪也很快消散了。

出发当天，一起床，浩仔就开始各种摆酷的姿态，并高昂地唱道："under the sea，under the sea……"抑制不住的兴奋之情，他对即将开始的旅程充满了期待。

孩子的世界真的是越来越大。随着科技发展、交通便捷、文化融合，游学、交换生、小留学生越来越多，也让之前留守的"空巢老人"的时间提前为"空巢中年"了。在空巢这件事儿上，往往不是孩子离不开父母，而是父母离不开孩子。

其实，孩子们的适应能力极强，即使年幼的他们有着对未知的恐惧和对家庭的眷恋，但新奇的世界更吸引他们的脚步。

我们对浩仔的放手也是有过程的。暑假期间，在海淀两周封闭式的围棋集训，已经使他得到了小小的锻炼，能独自去学习和生活。

那是他第一次离开父母的视线，第一次独立地生活。当晚我辗转反侧，只好起来打开一盒绿茶冰淇淋，给焦灼的心情降降温。之后和围棋老师沟通，老师说他很适应得很好，与人沟通没有问题，下棋也认真，在两天一循环的比赛中不断升班。

好不容易熬到家长可以去探访的周末。等围棋晚课结束，他蹦蹦跳跳地跑回宿舍，见到爸爸妈妈也无过多表情。简单地聊了几句话，因为要在熄灯前刷牙洗脸，浩仔还催促道："我没事儿，你们快走吧。"

9 岁和 10 岁的这两次别离，让我觉得随着孩子慢慢成长，父母真的是在渐渐退出孩子的世界，深刻地印证了那句话——做父母是有有效期限的，10 年为限。

"父母的有效期"的理念需要家长们警醒——孩子小时候，父母对他们来说是万能的，是完全可以依靠的。这就是父母对孩子教育的黄金时期。等孩子进入青少年时期，父母的"有效期限"就快到了。该说的、该教的、该做的，早就都做足了，是到了验收的时候了。这验收的是父母的教育方针，也是孩子对外界的应变能力。"过期"后的父母再怎么努力，也比不过 10 年前来得有效了。

孩子的成长需要拉着他前行，父母要成为推力而不是阻力，要把孩子推向更广更远的天地。世间所有的爱都是为了相聚，只有父母与孩子的爱是为了分离。

只是对父母而言，孩子那软软的小手，那熟睡时眼睑上的婴儿蓝，那可爱搞怪的表情，那份曾经深深的依恋，真的是太难以割舍了。我悄悄地看了很多遍浩仔3岁多读绘本的视频。那可爱的小精灵般的模样，竟然在脑海中全无印象，真的想惊叹："天啊，这是谁家孩子这么聪颖可爱！"如果时光倒流，我一定会更多多地亲亲他！看浩仔6岁时在幼儿园的舞蹈汇报表演视频，记忆也是再次消失得无影无踪。

时光多么无情，将最珍贵的记忆抹得无影无踪。我想，具体的景象或许会被遗忘，但当时的那种感受和心情却会永远留在脑海里。

亲爱的儿子，这10年来，我记不清陪伴你走过多少路，但总会在某个特定的场合或时刻，回想起一些美好的瞬间。

亲爱的儿子，我每次坐地铁的时候都会偷偷地笑起来。想起你小时候，我们总是一通猛跑冲到第一节列车头，因为能看到驾驶速度。陪你坐过北京的每一条地铁线路，有时还会特意一再换乘，如今地铁每趟车的时速、停站时间长短你都了然于胸。这些在我心里留下的痕迹，在你的心里肯定也有吧。

亲爱的儿子，有一些记忆或许你早已忘记，但我希望你长大后我能一一告诉你。记得那一次，陪你上完钢琴课，天色已晚，穿过的公园都熄灯了。你很想去那个小树林里转一圈看看，但又有一些害怕。犹豫了几秒，你还是冲了进去，又飞速地出来了。“虽然我很害怕，但是我更好奇呀！我的好奇心战胜了害怕啊。”我被打动了，这就是一个孩子抵挡不住的成长啊。

亲爱的儿子，谢谢你！一路走来，在你的身上，我完全见证了生命成长的神奇，也对生活和自我有了更深刻的认知。在我的脑海里时常浮现这一幅场景：黄昏的公园里，阳光透过挺拔的白桦树的叶子斜斜地照下来，年幼的你在和小朋友玩土、奔跑，我坐在一旁的长椅上，伴着树叶欢快的起舞声，静静地翻阅一本书。那一刻的天高云淡，恬静美好，让人心中慢慢升腾起四个字来——岁月静好。

时光无情流逝，岁月却善待了我。亲爱的儿子，我知道等你 18 岁的时候，我脑海中可能又只记住了你那时的样子。再回头看你现在的模样，估计又会很惊奇，这是谁家的帅小伙啊！所以，我需要更珍惜现在与你相处的时光。亲爱的父母们，如果你的孩子尚且年幼，别再作业吼，也别再情绪失控，更别企图掌控他，珍惜相处的时光、善待你的孩子，因为那些时光将一去不回，因为做父母的有效期限真的很短，因为孩子离开的速度将比你想象得要更快。

亲爱的儿子，我会做好准备，在你走向同学与他们分享秘密之时，在你走向更广阔的世界之时，与你依然保持一种心灵上的顺畅沟通，助力你的羽翼渐渐丰盈。

一个妈妈最深沉的爱，是明白孩子的人生不是你的人生，你需要抛开那种掌控欲和失落感，需要用力将孩子推得更远。这将会是连筋带骨的疼痛，但唯有此，孩子才会有真正的成长。

一岁，我们陪你看世界。

十岁，你和同学闯世界。

你是什么样的人，你的孩子就会成为什么样的人。你的言行举止、你的家庭成员之间的关系、你的家庭价值观最影响孩子的成长。

十年父子成“迷弟”

从 10 岁之后，我清楚地看到儿子浩仔的改变，他跟爸爸的关系越来越似“迷弟”——相互喜欢，相互欣赏，默契无比。

浩爸出差回家，刚推门进屋，浩仔马上道：“爸爸，我两天没看到你啦！爸爸，我想你！我好喜欢你啊！”“儿子，我也好喜欢你啊！”浩爸也立即回应。嘿，这两人最近也太肉麻了点儿吧！我在一旁听得偷偷笑了。

10 岁的男孩，已经从母亲崇拜走向父亲崇拜，从爸爸身上寻找力量和榜样了。浩仔的同学也开始比较爸爸们的身材、学历、收入、职位等。

“我们班某某的爸爸有 200 多斤呢！可厉害啦！”事实上，这位爸爸根本没有这么重，但娃们可能觉得越重越有力量感，所以都往重量级上说，于是爸爸们可以媲美相扑选手了。

“某某说他爸爸是总经理，我爸也是总经理！”其实，浩爸跟他说的是部门主管，结果浩仔直接就帮自己爸爸改了头衔。他对爸爸的期待和仰慕也影响爸爸对他的态度，于是两人更加惺惺相惜。

浩爸爱上弹钢琴，作为一个之前只学过简谱的吉他爱好者，他开始学习五线谱，弹钢琴曲子《上海滩》。学习的过程中，他总是不断请教浩仔。周末有时间，他能反复练习一两个小时。浩仔感叹道：“爸爸，你是零基础直接上四级的曲子，比我这个考过了四级的直接考六级厉害啊。”爸爸的榜样力量起了作用。

浩爸很爱看书，经常带着浩仔去图书馆借阅书籍。一天，他俩在图书馆翻阅了一本跟美国历史相关的书籍，里面提到了东京审判。因为马上要闭馆，来不及查询借阅，一回家，浩仔就让我从网上订了一本《东京审判》。他从此沉溺其中，看了四五遍，还搜索了东京审判的电影及相关视频。

之前，我一直觉得浩仔爱看中国历史书，对世界历史相关的书籍不太感兴趣。但因为爸爸的影响，他开始关注东京审判，继而关注一战和二战，终于逐步关注世界史了。

那天，我带浩仔去上课，回家路上他跟我念叨：“《东京审判》里，法官说的一句话让我印象太深了！他说，就是中国人，都已经忘了这段历史了。你知道判死刑的 10 个人都是谁吗？你知道他们都是判了多少年吗？你知道被审判的人有一千多人吗？你看，你都不知道，所以法官说中国人自己都已经忘了这段历史。”浩仔的思想越来越深刻了啊！

作为一个贪玩的 10 岁男孩，需要爸爸在关键时刻的谆谆教导，需要爸爸为他树立榜样，也需要爸爸日常生活中和他一起如朋友般的玩乐。这对“迷弟”最爱一起看相声小品，一起看搞笑视频，互相讲各种笑话。

有一次，浩仔问我：“妈妈，你有没有用我的签字笔？”

“我没有用啊！”

“你真没有用啊？”

“我真的没用啊！”我不假思索地回答。

“哈哈哈，你终于承认你没有用了！我喜欢我爸，他就不会上这个当！”

就这样，父子俩的感情越来越深。爸爸偶尔出差，浩仔会在睡前一直念叨：“我好想我爸爸啊！我爸能陪我聊天，跟我玩，跟我讲道理，不像你太情绪化了……”

幸好我有记录的习惯，记得这十年来我为他做的点点滴滴，不然听了浩仔的念叨，还真的以为自己这个妈妈“没用”，一切都是爸爸的功劳呢！

前两天，吃晚饭时，浩仔又突发奇想地说：“我想成立一个帮派，就叫‘浩仔好帅派’！”

爸爸马上激动地响应："我加入！我加入！咱们派的口号就叫'浩仔爸爸好帅'！好不好?"

浩仔连连点头："好啊，好啊。"

好一对自恋狂父子啊，我准备悄悄溜走。岂料两人齐声问道："你要加入我们派吗?"作为一个忠于事实的记者，我将头摇成了拨浪鼓……

以往，我总爱四处找寻各种育儿秘籍。其实，教育孩子不是向外学的，而是向内学的，因为秘籍就在你的身上，在你的家庭文化和氛围中。你的言行举止，你的家庭成员之间的关系，你的家庭价值观最影响孩子的成长。

当孩子与父母相互影响、相互欣赏，彼此都能更好地成长，这就是最好的教育吧。

我们是浩仔好帅派！
我们的口号是——浩仔爸比好帅！~